RECUEIL

DE QUELQUES OUVRAGES

DE M. WATELET,

DE L'ACADÉMIE FRANÇOISE

ET DE CELLE DE PEINTURE.

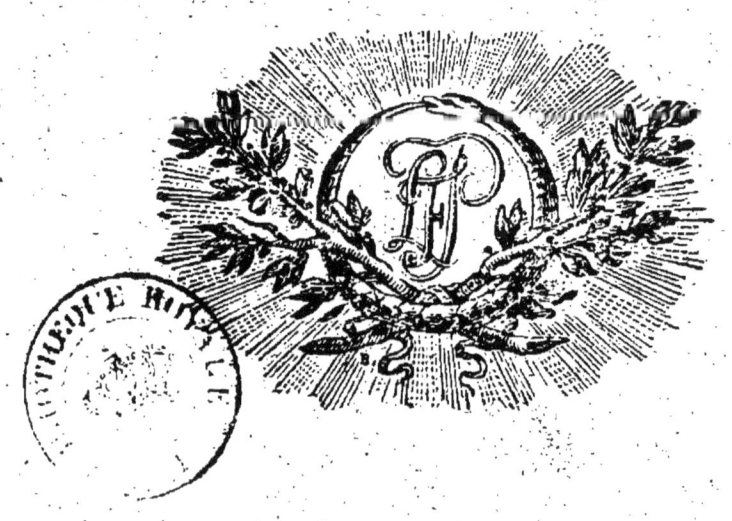

A PARIS,

Chez PRAULT, IMPRIMEUR DU ROI,
quai des Augustins, à l'Immortalité.

M. DCC. LXXXIV.

M. PRAULT, dont le Pere avoit imprimé en 1743, mon premier Ouvrage intitulé SILVIE, s'étant proposé de le réimprimer, & m'ayant demandé d'y joindre quelques autres Productions, je lui ai abandonné les Amusemens Littéraires qui forment ce Recueil.

Différentes circonstances ont donné lieu à ces foibles compositions. Les notes que j'ai données à l'Éditeur en font mention. Je sens mieux que personne combien ces Opuscules ont besoin d'indulgence; mais en demander au Public, c'est lui rappeler des droits, qu'il semble plus jaloux que jamais d'exercer avec sévérité; & peut-être trouveroit-il même une prétention déjà blâmable dans une Préface plus longue à l'occasion de productions si peu importantes.

PIECES
CONTENUES DANS CE VOLUME.

SILVIE.

ZÉNÉÏDE.

Les STATUAIRES D'ATHÈNES.

Les VEUVES, ou la MATRONE D'ÉPHESE.

MILON, Intermede Pastoral.

La MAISON DE CAMPAGNE à la Mode, ou la COMÉDIE D'APRÈS NATURE.

DEUCALION ET PYRRHA, Opéra.

DÉLIE.

PHAON.

SILVIE.

..... Scribere jussit amor.
                   OVID.

NOTE SUR SILVIE.

Un voyage fait en Italie, dans ma premiere jeuneſſe, m'avoit inſpiré le goût de la Littérature Italienne. J'eus le projet de faire paſſer quelques agrémens de l'Aminte du Taſſe, dans un récit de l'action ſur laquelle eſt fondée cette charmante Paſtorale. Peut-être étois-je encouragé par le ſuccès qu'avoit eu dans un genre à-peu-près ſemblable, un célèbre Philoſophe qui n'avoit pas dédaigné de décrire les mœurs des Habitans de Gnide, & de tracer leurs Loix avant de développer l'eſprit de toutes les nôtres. Le petit Roman que j'ai intitulé SILVIE, fut reçu avec indulgence, & l'on en a tiré un Opéra qui porte le même titre. Le ſtyle que j'ai employé eſt celui pour lequel on ſe ſent le plus d'attrait lorſque le talent n'eſt pas éclairé; auſſi eſt-il bien rare que ce genre mixte, qui a preſque toujours l'inconvénient de faire regretter la Poéſie, sans en dédommager par les ornemens dont on cherche à parer la Prose, ne conduise pas à quelque affectation. Cependant Télémaque & le Poëme d'Abel, prouvent qu'il est susceptible de grandes beautés ; mais ces ouvrages ne peuvent autoriser ceux qui ne sont pas aussi parfaits.

A MADAME ***.

JE vous obéis, MADAME, j'ai tiré de la Comédie d'Aminte l'Histoire de Silvie. J'ai emprunté de ce charmant Ouvrage, ce qui m'a paru plus digne de vous être offert; j'ai eu la hardiesse d'y joindre quelques fictions, que le désir de vous amuser, sans le secours du Tasse, m'a sans doute inspirées.

L'Histoire d'Alcandre, celle de Lydie, le Temple de l'Amour, sont une partie des idées riantes que j'ai puisées près de vous; si vous les adoptez, mon projet est rempli. Est-il une occupation plus agréable que de chercher à vous plaire, & rien de plus flatteur que d'y réussir ?

SILVIE.

PREMIERE PARTIE.

LES oiseaux ne chantoient point encore leurs plaisirs, les mortels ne recommençoient point à se plaindre de leurs peines; rien n'annonçoit le lever de l'aurore : il étoit l'heure où tout repose, jusqu'aux amans malheureux, lorsque, dans un hameau de l'Arcadie, la bergere Silvie s'éveilla, les Amours s'éveillerent avec elle : elle étoit la plus belle de cette heureuse contrée; mais occupée seulement à prendre des oiseaux dans ses filets, elle s'embarrassoit peu des chaînes qu'elle faisoit porter : elle méprisoit les charmes que la Nature & l'Amour lui avoient prodigués pour le supplice de ses compagnes & le malheur des jeunes bergers. Elle les blessoit, & sans chercher à plaire, elle remplissoit l'Arcadie d'amans & de malheureux.

Le premier soin de ses compagnes est de mettre en ordre leurs charmes préparés par un fommeil tranquille. Silvie faifit un javelot, prend fon arc & fes flèches: elle fort, & les Graces qu'elle n'a point appellées, s'empreffent & volent fur fes pas.

Elle court chez Daphné fon amie : cette Nymphe dont le printems eft déjà loin, goûtoit paifiblement les douceurs du repos. Les Songes voltigeoient autour d'elle, ils lui préfentoient les riantes images des plaifirs qu'elle n'a plus, mais dont le fouvenir la flatte encore. Silvie fait difparoître cette troupe légere : Daphné qui voit fuir le feul bien qui lui refte, rappelle en vain les Songes qui s'évanouiffent.

Elle reconnut Silvie à fon impatience & à fes reproches. » Quelle pareffe, dit cette Nymphe, » eft-ce ainfi que tu te prépares à célébrer la » fête de Diane ? la chaffe va commencer; » l'heure du rendez-vous s'approche, je vais » t'attendre à la fontaine de la Déeffe «. A ces mots elle difparoît.

Daphné incertaine, & prête à fe rendormir, fe fouvint qu'Aminte devoit venir la confulter. Cette idée la réveille; elle fe hâte, & emploie autant d'art à voiler fes défauts, qu'elle prenoit autrefois de foin à mettre dans tout leur jour, des charmes que le tems a détruits.

SILVIE.

Cependant Aminte qui brûle pour l'indifférente Silvie, venoit implorer le secours de Daphné, & l'Amour dans ce même instant se préparoit à vaincre la fierté d'une nymphe rebelle.

Ce Dieu vole, & précede Aminte. Il se présente à Daphné. La Bergere se croit trompée par un songe : elle voit chez elle un volage dont elle a pleuré l'éloignement, qu'elle croyoit éternel; elle se félicite de son retour : elle s'aveugle même au point d'imaginer qu'il revient auprès d'elle de bonne foi. Elle ignoroit que l'Amour & le Tems ne retournent jamais sur leurs pas.

» Bergere, lui dit le Dieu, me reconnoissez-
» vous ? Oui, je suis sûr que vous n'avez pas
» oublié mon zèle, mes services, ma complai-
» sance. Vous savez, si jamais j'ai refusé de
» blesser ceux dont vous aviez prononcé l'arrêt.
» Hélas ! je serois encore occupé de cet agréable
» soin, si mon ennemi cruel, si le Tems ne
» m'avoit éloigné ; mais s'il a pu m'obliger à
» fuir, il ne peut m'empêcher de rappeller avec
» plaisir les heureux momens dont j'ai joui près
» de vous. Je garde avec cet aimable souvenir
» un regret éternel, & je connois votre cœur
» trop sensible & trop tendre, pour n'être pas

» assuré de votre reconnoissance. Eh bien, il est
» un moyen de payer les services que je vous ai
» rendus. Auriez-vous pensé (il sourioit en disant
» ces mots) pouvoir jamais vous acquitter avec
» l'Amour ?

» Silvie a fait naître dans le cœur d'Aminte
» une ardeur qu'elle refuse de partager : ce Ber-
» ger vient implorer votre secours. Daphné, de
» grace, si vous apprîtes de moi à encourager les
» bergers timides, à retenir ceux que leur
» vivacité rendoient trop dangereux, si vous avez
» sçu par mes soins, rappeller par un caprice des
» amans prêts à briser leurs chaînes, attacher par
» des rigueurs ceux que les faveurs vous au-
» roient fait perdre, daignez guider Aminte,
» daignez lui apprendre..... «

Daphné ne put cacher plus long-tems son ressentiment. Elle jetta sur l'Amour un regard sérieux, & elle se retira. Le Dieu sourit, & bravant un courroux inutile, il prit la figure de cette Bergere, & attendit qu'Aminte vint lui confier des peines, qu'il connoissoit déjà, puisqu'il les avoit causées.

Aminte arrive. Il raconte par ordre son amour, sa timidité, les rigueurs de Silvie. » Eh ! ce n'est point (lui dit la feinte Daphné)
» par des soupirs, ni par des larmes que vous

» verrez adoucir vos tourmens. Un amant timide
» & triste, touche rarement, ennuie presque
» toujours. L'Amour m'inspire un moyen plus
» sûr : votre bonheur va dépendre de vous,
» mais profitez des instans, ils sont chers :
» Silvie est allée à la fontaine de Diane ; elle
» est seule.... Eh bien, (dit Aminte).....
» Faut-il vous en dire davantage, reprit le Dieu?
» Allez, volez à la fontaine ; abordez Silvie.
» Que ses premiers reproches ne vous en impo-
» sent point. Elle paroîtra courroucée ; que votre
» amour vous excuse. Attendez à ses genoux que
» sa surprise soit passée, que sa colere soit ral-
» lentie. Parlez alors de ce que vous ressentez.
» Peignez avec vivacité votre bonheur ; que le
» plaisir dont vous jouirez auprès d'elle excite ses
» désirs, lui fasse envie. Versez des pleurs,
» mais que ce soit des larmes de tendresse.
» N'attendez pas qu'elle vous ait pardonné,
» pour mériter encore qu'elle s'offense. Une
» nouvelle faute fera échapper l'idée de la pre-
» miere. Une troisieme pourroit assurer votre
» bonheur.... «

L'espérance, les désirs attentifs & soumis aux
ordres du jeune Dieu, volerent alors dans le
cœur d'Aminte. Il remercie à peine Daphné, &
plein d'un feu qu'il ne pouvoit contenir, il prend

le chemin de la fontaine. A quelque distance du hameau, s'éleve un bosquet formé par la seule nature. C'est un asyle assuré, où les Amans discrets jouissent d'un bonheur qu'augmente le mystère. C'est une retraite solitaire, où ceux qui sont malheureux viennent cacher des plaintes qu'ils n'osent hasarder devant celles qui les causent. Au milieu de ce bosquet est la fontaine de Diane. On y arrive par cent détours ; mais le berger aimé trouve bientôt la route la moins longue, pour rejoindre sa bergere.

Aminte empressé marchoit avec précipitation : il croyoit ne jamais arriver. » Que je crains, » disoit-il, que Silvie n'ait déjà quitté la fon- » taine ! Oui, je serai assez malheureux pour » ne l'y plus rencontrer....... Ah ! si je la » trouve encore !..... Daphné m'assure qu'elle » est seule...... je ne me sens plus cette crain- » te qui a contribué sans doute à lui donner plus » de sévérité qu'elle n'en vouloit avoir..... Eh ! » comment aurois-je pu obtenir ce que je ne lui » ai jamais demandé ?..... J'ai toujours tremblé » devant elle.... Quel aveuglement !... Est-ce un » crime que d'aimer ?.... Pourquoi redouter une » jeune & craintive bergere ?.... Non, non, la » timidité faisoit mon malheur, toute ma crainte » a disparu. Silvie, lui dirois-je.... «

Dans

SILVIE.

Dans ce moment il l'apperçoit.... » Dieux ! » ne m'a-t-elle pas entendue ? «.(dit-il, en baissant la voix). Il se cacha aussi-tôt, & laissant échapper des momens dont il venoit de concevoir le prix; tous ses projets se bornerent à l'admirer & à se taire.

Silvie n'eut garde d'imaginer près d'elle un amant qui prenoit tant de soin à demeurer caché. Elle étoit assise sur le gazon qui entoure la fontaine; elle tenoit dans sa robe des fleurs qu'elle venoit de cueillir; elle se penchoit pour se mirer; elle renoua ses cheveux qui flottoient sur ses épaules, & quoiqu'elle n'eût aucun dessein, elle vit avec plaisir qu'ils étoient bien rattachés. Elle consulta la Naiade sur l'arrangement de son voile; elle choisit ensuite les fleurs les plus fraîches; elle les porta sur sa tête, à son sein ; elle les regarda, & sourit. Elle étoit flattée de remporter l'avantage sur des fleurs qui ne faisoient que d'éclore.

» Ah! dit Aminte, elle se pare, elle cherche » à plaire. Quoi ! cette indifférente Silvie sait » qu'il y a du choix dans les fleurs dont elle » pare sa tête ! Que je suis malheureux ! elle » aime sans doute, & ce n'est pas pour moi » qu'elle prend tous ces soins, puisque l'ingrate » me fuit. «

B

Aminte devoit-il ignorer que le defir de fe plaire à foi-même, naît dans le cœur d'une jeune bergere, avant qu'elle ait formé d'autres defirs?

La jaloufie s'empara d'Aminte; & cette nouvelle paffion, auffi contraire à fes deffeins que la timidité, lui rendit, mais en vain, toute la vivacité que lui avoit infpiré l'Amour. Il réfolut de fe montrer, pour reprocher à Silvie fon injuftice & fa cruauté ; mais l'occafion, qu'il ne fongeoit pas à retenir, déployoit déjà fes aîles. En vain l'Amour cherchoit à l'arrêter. Daphné arrive, & fa préfence la fit difparoître, comme un fonge léger, dont il ne refte qu'un vain fouvenir.

Aminte, rappellé à lui-même, vit diffiper le charme qui l'avoit furpris. Il fentit pour augmenter fa douleur, combien il étoit loin de perdre cette timidité qu'il croyoit la caufe de fes malheurs. Il blâma fa foibleffe, regretta l'occafion qui fuyoit, & cependant le peu de momens qui lui reftoient encore, s'échapperent; les deux bergeres fe leverent, elles difparurent. Bientôt elles arriverent au rendez-vous.

Prefque tous les bergers y étoient déjà raffemblés. L'un d'eux fe plaignoit de l'indifférence d'une bergere, dont il avoit été tendrement aimé.

Elle étoit présente; elle ne put soutenir ce reproche, son trouble étoit capable de la déceler. Le berger s'en apperçut, & voulant profiter d'un instant favorable : » Écoutez, dit-il, & » tremblez en apprenant le sort d'une perfide » Amante. «

Lydie, princesse d'Elide, étoit élevée dans un palais bâti sur le bord de la mer. Un Génie, de ceux qui sont chargés du soin des eaux, l'apperçut, & brûla de la posséder. Occupé de cette pensée, il rendit la mer plus calme qu'à l'ordinaire; il ne permit qu'aux zéphirs d'en troubler la tranquillité. Ils se jouoient par ses ordres, & faisoient oublier le risque que l'on court en se livrant à quelque chose d'aussi léger.

Lydie, entraînée par un charme inconnu, vint se promener au bord de la mer. Le flot conduisit près d'elle une barque légere. La princesse courut à ce nouvel objet; elle entra dans la barque, elle joua avec les rames. L'eau qu'elle agitoit, l'entraînoit insensiblement : cependant les zéphirs, pour servir l'amoureux Génie, déployoient la voile; elle céda à leurs efforts, la barque obéit, & Lydie surprise, se repentit de s'être imprudemment exposée. Bientôt le vent augmente, les vagues s'élevent; la princesse effrayée appelle ses compagnes, on ne l'entend plus; la barque, jouet des vents, s'éloigne rapidement, tourne & s'enfonce dans les eaux.

Saphir inquiet, allarmé, vole au fecours de Lydie : il la reçoit dans fes bras, & defcend dans fon palais avec ce précieux fardeau.

Délivrée d'une mort affreufe, Lydie fut fenfible aux foins empreffés du Génie. Il lui fit l'aveu de ce qu'il reffentoit. La jeune princeffe fut attendrie. Le Génie prit pour de l'amour ce qui n'étoit que reconnoiffance. Il fe crut aimé. Qu'il eft difficile de ne pas croire ce que l'on défire ardemment ! Aveuglé par fa tendreffe, entraîné par fes defirs, il fe félicitoit d'avoir infpiré une paffion auffi vive que celle qu'il reffentoit lui-même.

Son amour augmenta, la reconnoiffance de Lydie s'affoiblit. La jeune princeffe s'apperçut du vuide qui fe formoit dans fon cœur; les plaifirs ne purent foutenir fa vivacité. Le Génie ne commandoit que pour elle, il employoit fon pouvoir à la prévenir. Elle fe laffa de ne pouvoir plus défirer : l'ennui fe fit fentir, la langueur s'empara de fon âme, & la crainte qu'elle s'impofoit par reconnoiffance, rendit Saphir gênant & importun.

Elle s'étoit retirée un jour fur la terraffe du palais. Elle entendit un bruit fourd. La mer

SILVIE.

venoit d'être agitée par un violent orage. Lydie leva les yeux.

Au milieu des débris d'un naufrage, un jeune homme qui luttoit contre les flots, fixa son attention, & l'intéreffa. Elle oublia de rêver; elle fit des vœux pour cet infortuné; mais les vents & la mer infenfibles, l'éloignoient du bord qu'il s'efforçoit de gagner. Lydie émue, entraînée, courut au Génie. Elle demanda de fauver un malheureux qui périffoit.

L'Amour aveugle ne fait rien refufer. Saphir ordonna d'aller promptement au fecours du jeune Olinde. On l'amena, & Lydie vit diffiper fa langueur & fes ennuis.

L'étonnement où fut Olinde, de fe voir tranfporté dans le palais du Génie, céda bientôt à l'admiration que lui infpirerent les charmes de Lydie. Il fe profterna devant elle, il la prit pour Thétis. Elle s'apperçut de fa méprife. » Ce n'eft » pas à moi, dit-elle, à qui vous devez ces » hommages. « Saphir, que vous voyez, eft le Génie bienfaifant, maître de ce palais. Je n'ai d'autre mérite que de l'avoir intéreffé à votre fort. Comme vous je lui dois la vie. Uniffons-nous pour lui marquer notre reconnoiffance.

Olinde détrompé, paffa du refpect à la tendreffe. Lydie éprouvoit le même fort. Les bienfaits nous lient à ceux qui les reçoivent de nous; d'ailleurs, une conformité d'aventures, un mouvement qu'elle ne connoissoit pas, l'ennui que lui causoit le Génie, tout contribuoit à former entre Olinde & Lydie une liaison funeste.

Bientôt la jalousie naissante de Saphir augmenta la passion des deux jeunes amans. Ce tendre Génie, par son empressement, son inquiétude & ses reproches, rendit Olinde plus cher à la perfide Lydie, & leur devint odieux lui-même. Ils ne s'occuperent plus qu'à le tromper, & Saphir employa tous ses soins à percer un mystère qui troubloit son bonheur.

Il prétexta des soins qui devoient l'éloigner. Le regret qu'il fit paroître trompa l'impatiente Lydie. Elle crut son voyage certain : elle le desiroit. Elle brûloit d'entendre Olinde lui confirmer ce que ses regards lui avoient dit mille fois. Le Génie disparut.

Il avoit ordonné des fêtes. Elles commencerent aussi-tôt qu'on le crût éloigné. Lydie s'excusa d'y assister. Il étoit naturel qu'elle parût triste de l'absence de Saphir. Elle se retira dans les jardins, & s'enfonça dans un bosquet. Un lit de gazon s'offrit à ses yeux, elle s'y coucha. L'Amour la rendit distraite. Olinde l'avoit suivie, il se mit à ses genoux. Lydie interdite, embarrassée, feignit

SILVIE.

de ne l'avoir point apperçu. Olinde, rassuré par la rêverie de Lydie, inspiré par une passion vive, prévint par de tendres caresses l'aveu qu'il méditoit, & la princesse connut bientôt avec quelle rapidité, un amant qu'on autorise, passe du respect à la témérité.

Elle voulut être sévére, il n'en étoit plus tems: son visage n'en imposoit plus, ses regards la déceloient; son émotion, sa foible résistance, la tendresse victorieuse d'Olinde; tout conspiroit à sa défaite. Il n'étoit plus à ses genoux. Conduit par ses desirs, trop sûr de son bonheur, il se hâtoit d'assurer sa victoire....

Dans cet instant, le gazon trembla, les arbres frémirent, le Génie parut.

Ses regards annonçoient la vengeance, & les deux perfides amans, immobiles de surprise & d'effroi, attendoient à ses pieds le coup qu'ils méritoient. Saphir, prêt à frapper, jetta les yeux sur l'ingrate Lydie. Son désordre laissoit échapper des charmes dont le foible Génie ne connoissoit que trop l'empire. Un moment le désarma. » Dieux, s'écria-t-il, quelle est belle! « La tristesse succéda à la fureur, il gémit de son malheur.

Il passa quelques instans dans un abbattement profond; puis appellant ses fideles ministres

» Allez, dit-il, ôtez de devant moi des objets » funestes. Que ne puis-je éloigner aussi de mon » cœur, les tristes mouvemens qu'ils y ont fait » naître !

» Trop ingrate Lydie, vous faites le malheur » de qui vous a sauvé la vie. Et vous, perfide » Olinde, si vous vous intéressez à ses jours, » fuyez-la, ne la revoyez jamais. «

A l'instant, Lydie fut transportée en Elide : Olinde fut enlevé du palais du Génie ; mais plus sensible à son amour, qu'aux menaces de Saphir, il se hâta de rejoindre la princesse, & ces amans goûterent des plaisirs que les menaces de Saphir sembloient rendre plus vifs.

Le Génie, furieux de cette nouvelle injure, ne put retarder sa vengeance ; il fit aborder en Elide une troupe de pirates. Le palais de Lydie fut investi : Olinde courut à sa défense : l'Amour le conduisoit, il se croyoit invincible.

Cependant Lydie le vit tomber sous les coups de ses ennemis, & cette malheureuse princesse se précipita pour ne pas lui survivre.

Cette histoire déplut à Silvie, sans qu'elle voulût en démêler la cause : heureusement pour elle, les cors de chasse qui donnoient le signal, interrompirent les applications qu'on auroit pu faire.

SILVIE.

Cette Bergere se leve, & saisissant son javelot. » Ah ! dit-elle, enfin voici la chasse qui com- » mence. « Aussi-tôt elle sort, ses compagnes la suivent, & les bergers s'avancent sur leurs pas.

Aminte, bien éloigné de cette vivacité, n'avoit pu quitter qu'avec une peine extrême, & le bosquet & la fontaine. Il arriva tristement au rendez-vous, lorsque tout le monde en fut parti. Ce malheureux & timide Berger sembloit destiné à ne pas profiter des occasions favorables à son amour, ou bien à les manquer d'un moment : c'est beaucoup ; en amour un instant décide.

Tirsis l'apperçut, il retourna sur ses pas, & se hâtant de le rejoindre : » Ne peux-tu, lui » dit-il, être amoureux sans être triste ? « Après avoir goûté les charmes d'une tendresse réciproque, je souffre sans chagrin l'indifférence de Lisis. Je dois à l'Enchanteur qui demeure dans cette solitude, la tranquillité dont tu me vois jouir. C'est par ses conseils que l'amour n'est pour moi qu'un amusement. » Les bergeres, me disoit-il, » sont d'un naturel changeant ; elles s'irritent, » s'appaisent, desirent, regrettent : tout cela » presqu'au même instant. « J'étois désespéré, comme tu parois l'être, lorsque je le consultai. Je voulois aller à la ville ; voici ce qu'il me dit encore.

Tirsis, tout est enchanté dans ce séjour. Le clinquant y sert autant que l'or pur. L'on y possede le talent bisarre de parler beaucoup sans rien dire : les murs entendent, & répetent plus qu'on ne leur a confié : les hommes & les femmes sont masqués. Tu ne connoîtras personne, & tu seras connu de tout le monde. Les habitans sont des magiciens habiles. Ils parlent toute sorte de langues; ils savent tout sans avoir rien appris. Tu deviendras comme eux, & tu ne verras bientôt plus que des palais habités par des Dieux.

Juge, Aminte, si j'ai persisté dans l'envie que j'avois d'aller à la ville. Non, non, j'aime bien mieux vivre avec des bergers, qu'avec ces Héros & ces Dieux. Une simplicité remplie de charmes fait à présent mon bonheur.

L'idée d'un état heureux & tranquille excita les désirs d'Aminte. Il soupira. Ah! dit-il, conduis-moi chez Alcandre, il me rendra peut-être mon indifférence & mon bonheur. Ils prirent alors une route qui conduisoit à la demeure du Sage ; & Tirsis, pour distraire Aminte, lui raconta l'histoire de l'Enchanteur.

Alcandre entra un jour dans le temple de l'Hymen. Il y vit une jeune citoyenne qui se plaignoit aux Dieux de l'injustice de ses parens. Elle fondoit en larmes. Ils vouloient l'unir à

Pififtrate, dont le caractère & la figure n'avoient rien que d'odieux; mais il étoit le plus riche habitant de fa ville.

Le Sage plaignit cette jeune victime. Il fut fenfible à fa douleur; il s'intéreffa vivement à fes peines; il ne vit point impunément couler de fi belles larmes. L'Amour, pour triompher, fe fert du chagrin & des pleurs, comme de la joie & des plaifirs. Alcandre réfolut d'épargner à l'aimable Hellénie, un engagement, qui auroit fait fans doute, le malheur de fes jours. Il fouhaita de lui en offrir un, qui pouvoit le rendre heureux lui-même le refte de fa vie.

C'étoit l'occafion de mettre à profit les connoiffances profondes qu'il avoit acquifes. Il s'agiffoit de fecourir l'innocence opprimée, & de faire fon propre bonheur.

Il fe tranfporta fur le fommet des montagnes. Il chercha par-tout, une plante dont la vertu pût le rendre invifible; mais cette herbe admirable fe cache avec foin. Elle femble craindre que les mortels peu vertueux ne l'emploient à des ufages criminels.

C'eft dans l'empire de Neptune qu'elle fe croit à couvert de leurs recherches. Cependant les Tritons la connoiffent, & l'amoureux Alphée la dérobe, & s'en fert pour aller, fans être vu, se jetter dans les bras de la tendre Aréthuse.

Alcandre, que l'Amour conduisoit, connut bientôt où il devoit trouver cette herbe enchantée. Il s'ouvrit une route jusqu'au fond de la mer. Il se saisit du trésor qu'il cherchoit, & sortit du sein des eaux, en même temps que l'astre du jour.

Ce jour étoit celui que redoutoit la jeune Hellénie ; mais dans l'instant que Pisistrate alloit recevoir du grand prêtre, une permission que les Dieux ne lui donnoient pas sans doute, elle se vit enlevée, sans savoir si elle devoit se féliciter du malheur qu'elle évitoit, ou craindre ceux qu'elle ne connoissoit pas encore.

Le moment qui mit l'aimable citoyenne entre les bras d'Alcandre, protecteur de sa vertu, sembla le rendre lui-même coupable. Il s'étoit senti intrépide pour la sauver, il devint timide pour se faire connoître. Il n'osoit se montrer aux yeux de celle qu'il venoit de soustraire au malheur qui la menaçoit. Cependant il la transporta dans une maison de campagne, où par ses soins, rien n'avoit manqué jusqu'alors ; que la belle Hellénie.

Elle s'étoit évanouie dans ses bras. Quel heureux moment pour un amant timide ! Elle se réveilla pour douter si ce qu'elle voyoit n'étoit pas un songe.

SILVIE.

Suis-je donc échappée véritablement des mains de Pififtrate? s'écria-t-elle. Alcandre parut alors, mais comme un efclave foumis, il s'avoua coupable d'avoir ofé la fervir fans fon aveu. Il évita par cette adreffe les premiers reproches. Il fit une peinture vive, des vices de Pififtrate, & laiffa à Hellénie le foin de faire une comparaifon qui tournoit toute à fon avantage. Il hafarda de découvrir la caufe des foins qu'il avoit pris ; mais il infifta plus fur les graces d'Hellénie, que fur fon amour, dont la violence auroit pû l'offenfer. Il ménagea fa pudeur, & conduifit adroitement la naïve Hellénie à hafarder une réflexion que l'Amour comprit au même inftant qu'elle l'eut faite.

» Pourroit-il y avoir du mal, difoit-elle, à
» être aimée d'un citoyen vertueux, qui fe tient
» dans les bornes les plus étroites de la foumiffion
» & du refpect ? « C'étoit-là le fignal qu'attendoit Alcandre pour commencer à y manquer. il n'avoit ofé parler de défirs ; il les peignit avec vivacité : il les reffentoit, bientôt il les fit naître.

Hellénie avoit un penchant naturel pour la tendreffe. Trouve-t-on des cœurs qui en foient exempts ? Alcandre le fçut mettre à profit.

Il la détermina à fe laiffer entraîner par une pente fi douce. Les Plaifirs vinrent à fon fecours.

Alcandre embellit à ſes yeux en l'intéreſſant davantage, il devint plus aimable en perdant ſa timidité.

Il enchanta Hellénie. Elle avoit commencé par craindre Alcandre, elle finit par l'aimer. Que l'amour eſt doux pour un cœur qui n'a encore reſſenti que la haine ! » Cher Alcandre, c'eſt à » vous ſeul que je dois la félicité dont je jouis. » Hélas ! avant de vous connoître, j'ignorois » qu'on pût être heureuſe, je la ſuis, car vous » m'aimez.... Mais n'eſt-ce point un ſonge ? » Dieux ! ſi c'en eſt un, avant qu'il finiſſe, ôtez- » moi la vie. «

Alcandre la raſſuroit. Il vouloit qu'elle ſe crût plus heureuſe qu'on ne l'eſt par le ſecours d'une douce illuſion, lorſqu'un bruit affreux ſe fit entendre.

Hellénie ſembla s'éveiller. Les Amours effarouchés s'envolerent ; elle ne trouva plus autour d'elle que les ſoucis & la crainte.

Piſiſtrate après avoir rompu les portes, entra eſcorté de gardes, & accompagné d'un des juges du peuple. Il ſomma Alcandre de venir ſe juſtifier devant ſes citoyens, du crime dont il paroiſſoit chargé.

Alcandre parut intrépide, & ſans avoir recours à la puiſſance de ſon art, il fonda ſon eſpoir ſur la justice de ses citoyens, & plus encore sur la droiture de son cœur. Il se présenta devant le peuple : Hellénie l'accompagnoit les yeux baissés, dans une contenance moins assurée que si elle eût été absolument innocente.

Pisistrate plaida sa cause avec emportement. La colere dont il étoit troublé l'empêcha de cacher les vices qui devoient le faire condamner. Il parut brutal, furieux. Il traita sa maîtresse aussi mal que son rival : il insulta les Dieux. Il dicta au peuple l'arrêt qu'il devoit prononcer. Il indisposa ses juges.

Alcandre, au contraire, se montra innocent dans ses vues, seulement occupé du bonheur d'une citoyenne. Par ce trait, il intéressa chacun de ses juges en particulier. Il s'avoua coupable de l'enlevement dont il étoit accusé, & demanda d'en être puni. Hellénie ne put résister à sa tendresse. » Ah ! si quelqu'un doit être puni, c'est » plutôt moi, dit-elle ; épargnez Alcandre aux » dépens même de mes jours. Je déteste Pi- » sistrate...... « Ses sanglots l'arrêterent, & ses pleurs parlerent pour elle.

Le peuple s'attendrit. Dans ce moment favorable, le pere & la mere d'Hellénie percerent la foule, & vinrent implorer les juges en faveur de leur fille.

Pififtrate fentit fon défavantage; il ne connut plus d'autres juges que la vengeance & la fureur. Il fondit fur Alcandre, qui, pour fauver fa vie, fe contenta de lui arracher fon épée; mais Pififtrate conduit par les juftes Dieux, fe précipita avec fureur fur fon rival, & fe perça de fes propres armes.

Alors, Alcandre fe trouva coupable de la mort d'un citoyen, dont les parens pourfuivoient la vengeance. Les juges pardonnerent à Hellénie. Ils témoignerent affez qu'ils pardonnoient auffi à Alcandre; mais pour appaifer la famille & les mânes de Pififtrate, ils le condamnèrent à un exil qui eft fur le point de finir.

Ce Sage, peu fenfible à cette injuftice, fouffriroit patiemment fes peines, s'il n'étoit éloigné d'Hellénie; mais la douleur d'être abfent de cette amante, dont il eft adoré, lui paroît auffi violente, que celle que tu reffens de n'être point aimé de Silvie, que tu peux voir à tous les momens.

SILVIE.

SECONDE PARTIE.

Dans un agréable valon, des arbres épais forment un ombrage, que la plus vive chaleur ne sauroit pénétrer. Dans cette délicieuse solitude s'éleve un côteau que mille arbrisseaux couvrent de leur verdure. Tous les oiseaux d'alentour viennent y chercher l'abri. Un ruisseau se précipite au pied de la coline ; les nymphes folâtrent sur les fleurs qu'il fait naître, & le ruisseau curieux, retourne plusieurs fois sur ses pas, pour être témoin de leurs jeux.

C'est dans ce lieu qu'est la demeure d'Alcandre. Il y passe ses jours à souhaiter de revoir Hellénie.

Aminte ne fut pas plus sensible que lui, aux charmes de cette heureux séjour. Il ne vit ni ruisseau, ni ombrage : il n'entendit point le concert des oiseaux : il jetta autour de lui un regard inquiet. Il apperçut Alcandre, & se hâta de le joindre.

A sa tristesse, à sa langueur, l'Enchanteur connut

qu'il aimoit, & qu'il étoit malheureux. Bientôt Il fut affermi dans le foupçon qu'il avoit conçu. Le Berger épancha fon cœur, il gémit, il accufa Silvie. Ils fe plaignirent enfemble d'un Dieu, qui cependant eft le Dieu des plaifirs, comme celui des peines ; mais il ne fait que des ingrats. Il eft obfedé de plaintes, de murmures. Jamais on ne le remercie de fes faveurs.

J'étois fi jeune encore, (dit Aminte, voyant qu'Alcandre l'écoutoit,) que je ne pouvois détacher les fruits des arbres de nos vergers, lorfque je commençai d'aimer Silvie.

Nous demeurions dans le même Hameau, nos jeux étoient les mêmes, & nos peines étoient communes. J'étois heureux alors ; je ne connoiffois pas de plus grand bonheur que l'amitié. Mais on paffe aifément de ce fentiment à l'amour. Que cet état tranquille d'ignorance & de bonheur dure peu ! Il fe diffipe, il s'évanouit comme un léger nuage au lever de l'aurore. Je fentis naître dans mon cœur, des mouvemens que je n'y avois pas encore découverts. J'ignore quel principe les produit. Ils reffemblent à ces fleurs qui naiffent dans nos prés fans culture.

Je crus voir en fonge un enfant, dont l'air étoit fier & impérieux. Il fembloit méprifer les autres bergers. Il vint à moi. Je le reçus dans mes bras. Jouons ensemble, me dit-il. Le traître en jouant me blessa, sourit & s'envola.

Alors je désirai un bien qui m'étoit inconnu. Je devins triste, rêveur, & je crus que d'être toujours avec Silvie, étoit ce bonheur que je cherchois en vain, par-tout où lle n'étoit pas. Je courus à Silvie. Que je ressentis de plaisir en la voyant! Cependant je n'étois pas entierement satisfait. Si j'en approchois, je me sentois troublé. Si j'en étois éloigné, je mourois d'ennui. J'étois agité près d'elle, je languissois en son absence, je la fuyois pour être plus tranquille, j'étois bientôt contraint de la chercher.

Un jour je me trouvai avec Silvie & la bergere Philis, au pied d'un buisson chargé de fleurs. Une abeille qui voltigeoit se méprit ; elle s'attacha à la joue de Philis, & lui fit une piqure. La Bergere jette un cri. L'abeille vole. » Ne » crains rien, (dit aussi-tôt Silvie,) ma chere » Philis, j'ai un secret qui guérira ta blessure. Il » m'en a coûté, pour l'apprendre, mon bel arc » d'ivoire. « Elle approche alors sa bouche de la joue de Philis ; elle dit quelques paroles mistérieuses, elle la baise ; & dans le moment, par la vertu de ses paroles, ou bien plutôt par le charme de sa bouche divine, capable de guérir tout ce qu'elle veut bien toucher, Philis ne reſſentit plus de douleur.

Je n'avois pû démêler encore les ſentimens de mon cœur ; mais cet inſtant m'éclaira. L'Amour m'inſpira une ruſe innocente. Je feignis qu'une abeille venoit de me piquer. Je fis voir une douleur que je ne ſentois pas. Je regardai tendrement Silvie. Mes yeux lui demanderent ma guériſon.

Touchée de mes plaintes, elle s'offrit à me ſoulager. Je lui montrai mes levres ; elle en approcha les ſiennes. Alors, plus ardent que le papillon & l'abeille, qui careſſent les premieres fleurs du printems, je cueillis un baiſer, j'en demandai un autre ; j'exagérai ma douleur pour multiplier mes plaiſirs.

Hélas ! en s'efforçant de guérir ma feinte bleſſure, Silvie rendoit plus profonde celle qu'elle avoit faite dans mon cœur. Mon trouble augmenta, mes deſirs furent plus violens. Je n'avois juſqu'alors adoré que les beaux yeux de Silvie. L'Amour m'inſtruiſit, pour augmenter mes tourmens. Je remarquai mille charmes qui ne m'avoient point frappé. Mon imagination en devinoit d'autres encore. J'y penſois ſans ceſſe, & ce n'étoit qu'avec un chagrin mortel, que je quittois ces douces rêveries, qui flattoient ma douleur, & qui entretenoient mon amour.

Pour jouir de ces aimables idées, j'errois dans nos bois; & dans la crainte d'être interrompu, je cherchois les endroits les plus déferts. Je me perdis un jour.

Après avoir parcouru une route affez difficile, je fus furpris de me trouver auprès d'un temple magnifique que je n'avois jamais apperçu. Le frontifpice étoit orné de guirlandes. L'on y voyoit un enfant qui paroiffoit occupé à écrire avec la pointe d'un dard, fur un marbre poli.

Je le reconnus pour celui que j'avois vu en fonge. Je m'approchai; je lus ces mots : JE BLESSE, MAIS JE GUÉRIS. Il y avoit au-deffous : C'EST LE TEMPLE DE L'AMOUR. FUYEZ PROFANES, FUYEZ INDIFFÉRENS. Mes yeux fe deffillerent; je fentis que j'étois plein de ce Dieu : les portes s'ouvrirent, & je m'avançai avec confiance dans le temple.

Un homme fe préfenta devant moi. Il étoit enveloppé d'un voile impénétrable. Son maintien étoit impofant. Je fuis, dit-il, le Myftère. Il paroiffoit garder l'entrée.

Des nymphes couronnées de fleurs, & vêtues d'une étoffe fi légere, qu'elle difparoiffoit à chaque inftant, volerent près de moi. Elles

C iij

étoient conduites par une Déesse dont la physionomie riante dissipa mes ennuis. L'espérance amene toujours les désirs à sa suite.

J'apperçus les Plaisirs, mais ils étoient éloignés. L'Impatience pleine d'agitation voltigeoit autour de moi. La Crainte au regard triste, s'efforçoit de me joindre ; l'Espérance l'éloignoit.

Je cherchois le Dieu, mais on ne peut l'appercevoir ; on connoît seulement qu'il est présent, par les mouvemens qu'il inspire. Des peintures le représentent sous une infinité de formes. Il est si changeant, qu'il ne se montre jamais deux fois sous la même figure.

Là, on le voit s'enchaîner aux pieds d'une simple bergere, puis gouverner les rois, se soumettre le ciel, & remplir tout l'univers.

Il paroît ici tel qu'un foible enfant ; il badine, il se cache sous des lys & des roses : il prend pour sa retraite, les yeux d'une tendre mortelle. Il se fait un afile au milieu de ses joues délicates ; il s'y établit avec les Ris & les Graces ; il les distribue, il les place ; les premiers sur une gorge d'albâtre : ce sont-là les autels où il aime à être adoré.

J'osai lui adresser des vœux ; Silvie en étoit l'objet, & sans doute il voulut les exaucer. J'entendis le bruit d'un cor, je sortis ; j'apperçus

SILVIE.

Silvie. Je m'approchai d'elle en tremblant; elle ressembloit à la sévere Diane.

Je m'étois rassuré en son absence; & je devins, en la voyant, plus timide que jamais. Je m'écriai dans l'émotion que je ressentois: Amour! pourquoi donc enrichis-tu Silvie de tes bienfaits, elle qui te refuse son hommage? Tu la combles de tes présens; tu veux lui prodiguer tes plaisirs, & l'ingrate méprise ton pouvoir & tes faveurs.

Que parlez-vous, Aminte, d'hommage & de plaisirs, (dit Silvie en rougissant;) & quel est ce temple? Ah! (répondis-je:) Venez, venez avec moi remercier un Dieu qui vous rend la plus belle des nymphes, & moi le plus amoureux des bergers. Non, (dit-elle,) l'Amour est ennemi de la chaste Déesse; c'est un tyran inhumain; il ne cause que des maux: il est toujours occupé à surprendre les nymphes timides.

A ces mots, ce Dieu voulut se venger. La pluie, la grêle, les vents furieux, firent trembler la forêt.

Silvie fut contrainte d'entrer dans le temple. Je lui fis remarquer les triomphes de l'Amour. Je la vis se troubler à la vue de ces tableaux. Il se passoit en elle un combat terrible: l'Amour prenoit mon parti; Diane s'opposoit à sa victoire. Enfin, cette Déesse alloit l'emporter. Silvie, honteufe de fe trouver feule avec moi, voulut prendre la fuite ; mais un coup de tonnerre la fit tomber évanouie dans mes bras.

Dieux ! que cet inftant favorable m'a coûté de larmes & de fanglots ! J'ai payé ce moment de plaifir, par des années de peines & de tourmens.

Déjà, par mille careffes, j'avois effayé de ranimer Silvie. Je ne me connoiffois plus : j'avois enlevé fon voile. Par un pouvoir divin, mon aventure fe peignoit fur un des panneaux du temple. Les tendres, les voluptueux Plaifirs s'approchoient confufément, & couroient en foule pour achever leur ouvrage & mon bonheur, lorfque la jaloufe Diane fit ceffer l'évanouiffement de Silvie. Elle ouvrit les yeux, & fes regards me terraffèrent à fes pieds.

Je reconnus, mais trop tard, le crime que mon amour m'alloit faire commettre ; & j'en étois trop pénétré pour ofer me juftifier. Silvie, la cruelle Silvie, loin d'avoir égard à ma douleur, méprifa mon repentir : elle s'éloigna en fureur. Reçois, (dit-elle, en me lançant fon dard,) reçois la récompenfe de ta témérité.

J'évitai fes coups. Hélas ! ce fut pour mon malheur ; l'impitoyable Diane me réfervoit à un fupplice éternel. Le temple difparut ; mais mon défefpoir ne me quittera jamais.

Funeste bienséance! (dit Alcandre). C'est toi qui t'oppose à nos plaisirs! Oui, c'est toi qui apprend aux bergeres à faire un art des rigueurs & de la cruauté.

Ton empire, autrefois, n'étoit point connu des mortels heureux. La nature seule, avoit imprimé dans leurs cœurs avec la vertu, cette loi commode; *ce qui vous plaît, vous est permis.* Les Amours désarmés conduisoient les danses que formoient les bergeres, dans les prairies & sur les fleurs. Les nymphes & les bergers folâtroient ensemble: ils se donnoient des baisers qu'ils savoient, sans rougir, rendre voluptueux & tendres. Aujourd'hui les récompenses de l'Amour paroissent des larcins. Les regards sont gênés: on ne désire pas moins, mais l'on devient plus coupables, &....

Des plaintes vinrent en ce moment troubler le repos qui regnoit dans la retraite d'Alcandre. Il se leva. Aminte & Tirsis suivirent son exemple. Ils se laisserent guider par la voix qu'ils entendoient, & bientôt, dans un endroit retiré, ils apperçurent un Satire qui se plaignoit aussi de ses peines.

C'est une consolation pour les malheureux, & sur-tout pour les amans, de n'être pas seuls à se plaindre. Ils écouterent, & le Satire qui ne les avoit point apperçus, continua ainsi.

.... Mais.... faut-il s'étonner que l'abeille cause une douleur si vive avec un dard imperceptible ; l'Amour, plus petit que l'abeille, fait cent fois plus de mal qu'elle. Il se cache dans les moindres espaces : à l'ombre d'une paupiere, dans les boucles de cheveux, dans ces petites fossetes que forme un doux sourire sur les joues délicates de ma Bergere. Hélas ! c'est de-là que partent des traits qu'on ne peut éviter....

Mais, pourquoi me méprises-tu, ingrate Bergere ? Pourquoi, l'Amour qui ne te quitte jamais, t'épargne-t-il toujours ? Lorsque je te porte des fleurs que j'ai choisies, tu les méprises, & tu dis sans doute : mon teint me fournit de fleurs plus belles. Eh bien, je m'offre moi-même ; je me donne à toi. Pourquoi ris-tu de cette offre ? L'autre jour les vents retenoient leurs haleines, la mer étoit tranquille, je m'apperçus dans ses eaux, & ce teint brun, cet air mâle, ces sourcils épais, ces pieds faits pour réunir la légereté & la force, me parurent dignes de ta beauté.

Crois-tu donc que je le cede à ces jeunes bergers, dont les cheveux sont toujours arrangés avec soin, qui se couvrent de rubans, & qui, languissant près de toi, font dorer leurs javelots pour te plaire ? Tout leur mérite fe borne à foupirer nonchalamment, & à entretenir par leur complaifance, tes défauts & ton orgueil. Je ne leur reffemble point, & je fuis malheureux ! mais je cefferai de l'être. Chacun doit fe fervir des armes que la nature lui a données. Je ne fai ni languir ni foupirer. Si les nymphes employent contre moi leurs charmes, je me fervirai de ma force.

Il partit auffi-tôt comme un trait. Aminte pâlit, trembla pour Silvie. Alcandre, (dit-il,) fuivons le Satire. Silvie feule, peut lui avoir infpiré un amour auffi ardent. Nous n'arriverons jamais affez tôt, pour empêcher la violence à laquelle il fe prépare.

Que les amans font à plaindre ! ils ne voyent rien qui ne leur infpire des foupçons ou des craintes.

Alcandre fit ufage de fon art pour fervir l'impatience d'Aminte. Un char parut, le berger y monta. L'Enchanteur fouhaita qu'un voile le couvrît aux yeux des mortels. A l'inftant une de ces nuées qui brillent de mille couleurs, au coucher du foleil, fe détache des bords de l'horifon, & les zéphirs fe joignent en foule pour porter Aminte fur les traces du Satire.

Le char voloit rapidement; mais les défirs

ont-ils rien qui les égalent en vîteſſe ? Un inſtant le rapproche du Satire. Alors des cris perçans ſe font entendre. Aminte reconnoît la voix de ſa Bergere. Quel tourment ! quelle inquiétude ! Ses ſoupçons n'étoient que trop juſtes. Silvie étoit attachée à un arbre. Le Satire, que tous les feux de l'amour ſembloient dévorer, alloit ſe porter aux plus violens emportemens. Mais le Berger furieux lance ſon dard, frappe le Satire & le met en fuite.

Le monſtre emporte avec lui le javelot d'A-minte, & le trait dont l'Amour l'avoit bleſſé. Que l'un eſt bien plus difficile à guérir que l'autre !

Aminte, victorieux, ſe proſterna aux pieds de Silvie. L'amour qui n'eſt pas ſatisfait, eſt timide & reſpectueux. Il lui exprimoit par ſes ſeuls regards, ſon ardeur, ſes déſirs & ſa timidité. Il demandoit, & n'oſoit lui parler.

C'eſt de toi ſeul, Amour, qu'on apprend l'art d'aimer. Tu donnes à qui il te plaît, cette éloquence touchante, qui ſeule a droit de perſuader. Un diſcours embarraſſé, des paroles entrecoupées, un ſoupir, un regard, voilà le langage du cœur ; il s'entend bien mieux qu'un diſcours arrangé avec art. Dans un amant bien tendre, le ſilence même prie, & demande ce qu'en parlant il n'oſe déſirer.

Cependant le Berger jouiſſoit, aux pieds de Silvie, d'un bonheur qu'il ne devoit qu'à ſon rival. Le Satire avoit emporté le voile qui s'oppoſoit à ſes déſirs. Aminte, parcouroit d'un œil avide, des beautés que la fortune mettoit en ſa puiſſance, en dépit de Silvie.

La Bergere baiſſoit les yeux. Elle tâchoit, en penchant ſa tête, de cacher une partie de ſon ſein ; mais ſa reſpiration vive & entrecoupée, donnoit à cette gorge d'albâtre, une grace nouvelle. Elle s'en apperçut, ſans doute, elle en rougit, & le Berger vit cette marque de la pudeur de Silvie, ſe répandre ſur tout ſon corps, & l'embellir davantage.

Il s'approcha pour la débarraſſer des liens qui la retenoient. Il étoit hors de lui-même. Il chancela. Ses mains tremblantes s'appuyerent, ſans ſon aveu, ſur Silvie, qui pleura de honte & de fierté. Cruelle, (lui dit-il,) d'une voix mal aſſurée, peux-tu donc me faire un crime du bonheur que le haſard me procure !

Silvie ne répondoit rien. Elle ſe panchoit davantage ; mais ſes cheveux embarraſſés la retenoient & ſembloient favoriſer Aminte.

Cependant il dénoua ſes treſſes blondes. On liſoit, dans les yeux du Berger, ſes déſirs & la crainte qu'il avoit de déplaire à Silvie ; ſes mains se refusoient à ce qu'il exigeoit d'elles. Son visage étoit en feu. Il auroit voulu ne la point détacher, il souffroit de la voir interdite & honteuse.

Enfin, il délia ses mains, & il osa prendre un baiser pour récompense. Alors la cruelle Bergere s'écria d'un ton imposant: Berger, garde-toi de me toucher, j'appartiens à Diane. A l'instant elle brisa ce qui la retenoit encore; & prenant la fuite, elle s'éloigna comme une biche légere.

Aminte se repentit de n'avoir pas profité du bonheur que le hasard, (disoit-il,) venoit de lui offrir; mais il se trompoit, ce n'étoit pas le hasard. L'Amour seul avoit arrangé tous ces événemens.

Il vouloit toucher Silvie par la reconnoissance, il vouloit enhardir Aminte. Il ne réussit point encore. Aminte, timide & sans expérience, laissa échapper l'occasion, qui ne cherche qu'à fuir, & Silvie en devint plus cruelle.

L'Amour irrité, s'éloigna pour quelques momens, & le Berger malheureux, se livra à la tristesse & au désespoir; ressource inutile, mais trop ordinaire à ceux que la douleur accable.

SILVIE.

TROISIEME PARTIE.

Dans une caverne obscure de l'isle de Lemnos, est un attelier sombre, où le boiteux Vulcain, noirci par la fumée, & le front moite de sueur, forge les armes différentes des Dieux.

C'est-là que l'Amour vole. Il entre d'un air impérieux, pour se choisir un dard qui puisse blesser le cœur de Silvie. Le maître des Ciclopes sourit, en voyant voltiger, autour de lui, ce Dieu qu'il devroit détester, s'il se ressouvenoit de Mars & d'Adonis.

Il étend ses bras rudes & nerveux; & sans s'embarrasser si ses caresses peuvent offenser les joues délicates de l'aimable enfant de Cythere, il l'embrasse. L'Amour accablé des tendresses paternelles, dérange les cheveux hérissés qui le blessent; & pour ne pas noircir son voile, il essuie avec le tablier même de Vulcain, l'eau qui coule par ses rides, & qui inonde son visage.

Mon pere, il me faut, (dit-il,) une flêche de la trempe la plus fine. Je fuis irrité. Surpaffez-vous dans cet ouvrage : je vais refter ici foumis à vos ordres ; j'allumerai de mes aîles le feu de vos fourneaux.

Vulcain travailloit alors à l'égide de Pallas. Il abandonna ce refpectable ouvrage. La fageffe n'eft-elle pas obligée de céder quelquefois aux caprices de l'Amour ?

Le Dieu de Lemnos ne perdit point un inftant : il choifit, & forgea fa meilleure lame ; & l'Amour, attentif, verfa fur la pointe une liqueur douce, dont l'effet eft certain. Il arme de ce fer une flêche légere. Il place à fon extrémité, deux plumes qu'il arrache de fes aîles ; & fe levant fans remercier Vulcain, il met tout en défordre dans fon attelier.

Monftres noirs & brûlés, (dit-il,) que vos coups font peu redoutables ! c'eft de moi qu'il faut apprendre à frapper. Et toi, Vulcain, que deviennent tes feux auprès de ce flambeau ?

Il apperçut en ce moment le foudre de Jupiter, il le prit & s'en joua. Dieu de l'Olympe, tu brifes les montagnes, moi je bleffe les cœurs ; tu fais craindre les mortels, je les force à s'aimer.

Voyons, (dit-il encore,) fi les armes du Dieu de la guerre font impénétrables. Il perça d'un

feul

feul trait, le bouclier & la cuirasse de Mars. Vulcain, tu n'as rien ici qui puisse me résister. A ces mots, il s'envole & reprend le chemin du hameau.

Il arrive : il cherche Silvie. Un bruit tumultueux se fait entendre. Il voit le hameau rassemblé dans une prairie, qu'enferme de tous côtés la forêt de Diane. Tout y étoit préparé pour les jeux & le sacrifice qui devoit terminer la fête de la chaste Déesse. Le grand-prêtre tenoit le couteau sacré, prêt à frapper une génisse blanche. Les bergers attentifs avoient les yeux fixés sur l'autel; & les bergeres qui perdoient, pendant ce moment, des regards & des soins, attendoient impatiemment, pour reprendre leurs droits, la fin du sacrifice.

Un berger fendit la presse, & demanda d'être écouté. Alors un murmure s'éleve : la cérémonie est interrompue : chacun curieux de l'entendre, s'approche.

Je viens, (dit-il,) d'être témoin d'un malheur affreux. Je passois près de ce rocher, qui couvre l'antre de l'Aurore; j'accourois pour joindre mon hommage aux vôtres. Aminte étoit sur le sommet. Philene, (m'a-t-il dit,) Silvie vient de périr, je ne puis en douter ; j'ai trouvé son voile : il est teint de sang ; ah! malgré sa cruauté, je ne puis

D

lui survivre. A ces mots, il s'est précipité. Hâtons-nous de le secourir, s'il en est temps encore.

A ce récit, Silvie émue, sentit troubler pour la premiere fois, la tranquillité qui régnoit en son cœur. Tous les bergers porterent les yeux sur elle. Chaque regard lui parut un reproche. Elle en fut interdite & confuse. Le souvenir de la douce amitié, qui l'unissoit autrefois à Aminte, lui fit verser des larmes. Son ingratitude mit le comble à ses remords.

L'Amour qui la vit s'attendrir, battit des aîles, & s'élevant d'un air victorieux: voici, (dit-il,) enfin l'instant de mon triomphe. Malheureux Berger, cette flêche va faire ton bonheur & ma vengeance. Il lance aussi-tôt le trait fatal; il vole: rien ne peut l'arrêter dans sa course rapide. Il frappe. Diane même, n'auroit osé le parer.

Silvie sentit le coup: elle gémit, sans connoître encore combien étoit profonde la blessure. Quoi, (dit-elle,) je suis cause de la mort d'un berger à qui je dois & l'honneur & la vie?... Elle ne put en dire davantage. Elle courut avec tout le hameau vers l'antre de l'Aurore. Bientôt elle passa dans sa course tous les bergers. L'Amour qui voloit rapidement, ne pouvoit la devancer.

SILVIE.

Cependant Aminte cherchoit déjà fur les rives de l'Achéron, fa cruelle Bergere. Il fe plaignoit de ne l'avoir pas fuivie affez promptement. Il erroit, & demandoit à toutes les ombres, où eft Silvie?

Dans ce moment, un charme inconnu l'arrête. Jamais rien de fi doux ne l'avoit encore ému. Il eft entraîné. Il retourne fur fes pas. Envain, Caron l'appelle. Les careffes de Silvie font plus fortes que les menaces de l'avare Batelier. Les tranfports de la tendre Bergere le ramenent victorieux des Parques. Il ouvrit la paupiere. Il apperçut Silvie. Il fouhaita de ne la plus quitter. Pour elle, elle fembloit vouloir l'animer. » Tiens, » (lui difoit-elle) en l'embraffant avec ardeur, » tu m'as dit cent fois que je pouvois te donner » la vie; reçois-là donc, ou que je partage la » mort qui peut m'unir à toi. «

Aminte l'entendit. Il obéit. Il chercha fon âme fur les levres de Silvie. Il la trouva mêlée avec la fienne. De ce moment, ils furent pour jamais animés l'un par l'autre.

Le puiffant Alcandre accourut pour fecourir Aminte. L'Amour l'avoit prévenu. Il enveloppa ces heureux amans d'un nuage. Ils ne virent plus qu'eux feuls dans toute la nature.

Leurs tranfports peuvent-ils s'imaginer? Ces

tendres amans ne parloient point. Ils s'entendoient cependant. Ils se répondoient. Ils lisoient dans leurs cœurs, les mouvemens dont ils étoient agités ; & ces mouvemens n'étoient que les expressions rapides de leur amour & de leur félicité....

Ce seroit affoiblir, que de vouloir peindre ce que l'on conçoit à peine.

Aminte apprit, lorsque ses transports le lui permirent, que le voile qu'il avoit trouvé étoit celui qu'avoit emporté le Satire. Il s'en étoit servi pour étancher son sang. Il sçut encore, pour combler son bonheur, qu'Hellénie venoit d'apporter à Alcandre sa grace. Le sage Enchanteur exigea que le mariage se fit dans sa charmante demeure. Les Génies soumis à ses ordres, firent de leur mieux pour l'embellir ; mais les Plaisirs & l'Amour, que ces heureux amans avoient fixés près d'eux, l'ornerent bien davantage.

F I N.

ZÉNÉÏDE,
COMÉDIE,
EN UN ACTE, EN PROSE;
Composée en Janvier 1743.

NOTE SUR ZÉNÉÏDE.

J'ai composé cette Comédie en 1743, après avoir lu le fragment d'Hamilton, intitulé ZÉNÉÏDE. Quelques idées que j'y trouvai me conduisirent à l'invention de la Fable dramatique à laquelle j'ai donné le même titre. Je corrigeois alors les épreuves de Sylvie; je me servis du nom d'Olinde, personnage épisodique de ma Pastorale. J'écrivis la Comédie en prose; je la destinai à être représentée dans une Société. Je la lus à quelques amis, & il m'arriva d'en faire part aussi à un Homme de Lettres que je voyois quelquefois. Il trouva ce petit Ouvrage assez à son gré pour me le demander. J'y attachois peu de prix; il paroissoit en mettre beaucoup à le posséder. Enfin il employa tant d'instances que je le lui laissai emporter. Son projet, dont il me fit part, étoit de traduire ZÉNÉÏDE en vers, & de la faire représenter à ses risques & fortune. Il ne me donna pas le temps de réfléchir sur ce singulier arrangement. D'ailleurs, j'avois des raisons pour ne pas montrer publiquement le goût qui me portoit dans mes premieres années à des Amusemens Littéraires. J'avoue que je sentis aussi la curiosité d'éprouver, sans risque, les hasards de la représentation. Je fis cependant mes conditions: j'exigeai qu'on me montreroit scène à scène la traduction; je demandai qu'on ne changeât point ma Fable, & surtout que l'Ouvrage, heureux ou malheureux, restât anonyme. Ce pacte, ainsi que tant d'autres plus importans, ne fut pas trop bien observé. On ne me montra que la premiere scène versifiée. On l'avoit surchargée du récit d'une apparition de la Fée Urgande, que je rayai impitoyablement. On ne me demanda plus d'avis, & le succès (principalement dû à l'Actrice charmante* qui embellissoit alors tous les rôles qu'elle jouoit,) eut un tel *ascendant* sur le pere adoptif de ZÉNÉÏDE, qu'en dépit de toute délicatesse d'Auteur, il la

---

* Mademoiselle Gaussin.

prit fur fon compte, fans reftriction ; mais les amis qui étoient dans la confidence, furent indifcrets, comme cela arrive fouvent, & les Almanachs des Théâtres apprirent au Public que j'avois eu part à cet Ouvrage. Pour donner un plus complet éclairciffement aujourd'hui, je rends les vers à celui qui les a faits, & je donne la piece telle que je l'ai écrite. S'il prenoit fantaifie d'effayer un jour comment ZÉNÉÏDE foutiendroit fur la fcène un habit plus fimple que celui qu'on lui a donné, l'épreuve ne feroit peut-être pas fans quelque danger; car bien qu'il y ait des beautés naïves à qui le négligé convient & fied mieux que tout autre habillement, cependant au Théâtre la fimplicité même exige aujourd'hui quelque parure : quoiqu'il arrive, je ne réclame principalement dans cette Fable dramatique que le petit mérite de l'invention, & cela parce que bien certainement il m'appartient.

ACTEURS.

LA FÉE.

ZÉNÉÏDE.

OLINDE.

GNIDIE.

(*La Scene est dans le palais d'une Fée.*)

ZÉNÉÏDE,
COMÉDIE,
EN UN ACTE, EN PROSE.

SCENE PREMIERE.

LA FÉE ET ZÉNÉÏDE, *tenant un masque & en habit de Bal.*

LA FÉE.

EH BIEN! Zénéïde, vous ne vous plaindrez plus de moi. Vous ne direz plus tout bas, croyant n'être pas entendue : » Ah ! que la re- » traite & la solitude sont peu faites pour une » jeune & aimable fille ! « Mais pourquoi ne vois-je point sur vos traits le doux & riant souvenir des amusemens que vous venez de goûter ? Vous soupirez. Faudra-t-il que j'interpréte ce soupir ?

ZÉNÉÏDE.

Est-ce qu'il signifie quelque chose ?

LA FÉE.

Il dit, ma chère Zénéïde, que le repos où vous allez rentrer vous ennuie d'avance, autant que le Bal vous a amusée.

ZÉNÉÏDE.

Ah ! ne m'interprétez pas davantage. Ma bienfaisante protectrice, ne disposez-vous pas de moi comme vous voulez ? Ne suis-je pas sur vos pas, docile, obéissante ?

LA FÉE.

Oui, vous me suivez pour rentrer au palais ; mais vous me devanciez, lorsque nous en sortions. Vos pas couroient, il y a quelques heures, au-devant du plaisir. En ce moment, chacun d'eux est suspendu par le regret de s'en éloigner ; & ces petits soupirs qui vous échappent, ne disent-ils pas quelque chose encore ?

ZÉNÉÏDE.

Comment ! Est-ce que des soupirs parlent ? Est-ce que la démarche dit quelque chose ?

LA FÉE.

Oui : lorsqu'on a votre âge, Zénéïde, &

votre charmante naïveté, le moindre mouvement, le silence même, dit quelque chose ; mais gardez-vous bien de rendre pour cela vos yeux & votre cœur muets ; vous seriez bien près de leur faire dire le contraire de ce que vous penseriez.

ZÉNÉÏDE.

Ah ! jamais, jamais.

LA FÉE.

Ne vous contraignez donc plus. Arrêtons-nous un instant. Épanchez votre cœur, sinon j'y lirai moi-même tout ce qui l'agite.

ZÉNÉÏDE.

J'aime mieux parler : car enfin quel mal y auroit-il à vous dire que tout dans ce Bal m'a amusée, m'a intéressée ? J'avois à peine l'idée des plaisirs ; les heures ont passé comme des instans. Vous m'avez fait signe de vous suivre (*elle soupire*), & me voilà.

LA FÉE.

Oui : mais le cœur bien gros, la tête bien troublée.

ZÉNÉÏDE.

J'ai regret que les plaisirs passent si vite.

LA FÉE.

Me direz-vous auquel vous avez donné la préférence?.... Prenez garde; car je vois tout, je fais tout.

ZÉNÉÏDE.

Que cela doit vous donner de peine ! vous y êtes donc obligée ?

LA FÉE.

Je le dois ; mais cela ne me donne aucune peine, vous en allez juger.

ZÉNÉÏDE.

Voyons donc ; mais je vous arrêterai au moins, si vous devinez plus que je ne pense.

LA FÉE.

A la bonne-heure, je passe sur le regret d'avoir cessé de danser, cela est tout simple à votre âge..... Mais je ne passe pas si légèrement sur le dépit que vous aviez d'être obligée, d'après mes ordres, de garder votre masque, sur-tout après avoir causé avec ce jeune Inconnu.

ZÉNÉÏDE.

Inconnu ! Madame, je sais son nom.

COMÉDIE.

LA FÉE.

Et vous croyez le connoître ! Sait-il aussi le vôtre ?.... Oh ! sans doute : & le mien, & toute notre petite histoire.

ZÉNÉÏDE.

Il étoit bien curieux. Il a tout demandé.

LA FÉE.

Et vous avez tout dit !

ZÉNÉÏDE.

Mais..... mon histoire ; n'est-ce pas vos bienfaits ? Ah ! je me serois reproché d'avoir rien oublié. Il faut vous dire aussi qu'il demandoit de si bonne grace, que je ne pouvois refuser de l'instruire, & que j'ai été (s'il faut tout dire) fâchée de n'avoir pas à lui apprendre encore quelque chose : car je me trouvois contente de lui ouvrir mon cœur, tenez, comme quand je suis avec vous.

LA FÉE.

Mais moi, Zénéïde, vous m'aimez, & vous savez que je vous chéris.

ZÉNÉÏDE.

Oui : vous êtes si bonne !

LA FÉE.

Ainsi l'Inconnu.....

ZÉNÉÏDE.

C'est Olinde qu'il s'appelle.

LA FÉE.

Ainsi l'Inconnu qui s'appelle Olinde est aussi bon que je suis bonne; &, pour mieux me ressembler, vous aime beaucoup, & ne vous est pas indifférent. Pour moi, tout ce que j'ai vû, c'est qu'il est jeune, assez aimable de figure, & qu'il danse bien.....

ZÉNÉÏDE.

Très-bien; mais il cause encore mieux.

LA FÉE.

Et de l'esprit? il en a sûrement beaucoup.

ZÉNÉÏDE.

J'en avois avec lui plus qu'à l'ordinaire, plus qu'avec tous les autres, car ils cherchent tant à en avoir qu'on n'a pas le tems d'en montrer. Lui, tout au contraire me faisoit parler, n'étoit occupé qu'à me bien écouter. Il comprenoit presqu'aussi

qu'aussi vîte que j'avois pensé, & ne le faisoit voir que par ses regards : enfin......

LA FÉE.

Enfin, il suffit. Autant j'ai eu de peine à vous faire parler, autant j'ai de peine à vous arrêter : mais je sais tout ce que vous pourriez me dire, & je vois qu'il est temps de vous apprendre ce que vous ne pouvez savoir, c'est-à-dire, le sort qui vous menace, & dont cependant vous allez être seule à présent l'arbître.

ZÉNÉÏDE.

Comment ? Est-ce que vous m'abandonneriez ?

LA FÉE.

Non. Mais Olinde va se trouver ici, &....

ZÉNÉÏDE.

Dans votre palais ?

LA FÉE.

Oui.

ZÉNÉÏDE, *toujours plus vivement.*

Pour y demeurer ?

E

LA FÉE.

Peut-être.

ZÉNÉÏDE.

Et pourquoi s'en iroit-il, si vous l'y recevez?

LA FÉE.

Mais écoutez-moi donc. Je ne vous ai jamais vue si prompte à parler : vous ne m'interrompiez jamais.

ZÉNÉÏDE.

Plus qu'un mot. Est-il déjà arrivé? (*Elle regarde de tous côtés.*)

LA FÉE, *plus sérieusement.*

Zénéïde, écoutez-moi, & écoutez-moi très-attentivement. Vous aimez : ç'en est fait, vous aimez Olinde.

ZÉNÉÏDE.

Y auroit-il du mal à cela?

LA FÉE.

C'est selon..... vous avez un petit cœur si tendre, si sensible, qu'on ne peut trop se hâter de vous dire les dangers auxquels il vous expose ; d'autant plus que vous avez (& vous ne l'ignorez pas) tous les charmes qui peuvent précipiter ces dangers.

ZÉNÉÏDE.

Est-ce donc ma faute, si j'ai quelques dons que je ne tiens que de vous ? pour ce cœur, je ne me le suis pas donné, & vous l'avez tant accoutumé depuis que je vous connois à être sensible & à aimer!....

LA FÉE.

Laissons cela. Vous souvient-il que je vous ai parlé d'Urgande, cette Fée, notre ennemie irréconciliable ?

ZÉNÉÏDE.

Oui : vous m'avez dit qu'elle vous en vouloit, & qu'au moment de ma naissance, elle vous avoit fait & à moi aussi une méchanceté affreuse ; mais vous ne m'avez pas dit ce que c'est.

LA FÉE.

Vous allez le savoir. Voici les propres mots qu'elle a prononcés sur vous au moment que je

venois de vous douer de beauté & de sensibilité :

Belle & sensible !
   (s'écria-t-elle,)
    Oh ! bien, je prétens à mon tour,
Qu'aux premiers traits que lancera l'Amour,
  Pour éprouver sur toi ses armes,
Tu deviennes difforme & laide à faire peur,
  Si tu n'enchaînes ton vainqueur,
  Sans qu'il se doute de tes charmes.

ZÉNÉÏDE.

Ah ! je deviendrai donc bien laide ; car je parierois qu'il me croit très-jolie. Oh ! la méchante Fée !.... oh ! que cela est noir ! & qui voudra m'aimer, si l'on me croit laide ? Et comment empêcher qu'il ait bonne idée de moi, si effectivement il m'aime ? Est-ce ma faute ? Dois-je en être punie ?.... Ah ! vous êtes si bonne, si juste.....

LA FÉE.

Aussi n'est-ce pas moi qui ai prononcé cet arrêt, & c'est moi qui vous en instruit, pour que vous en préveniez, s'il se peut, l'effet.

ZÉNÉÏDE.

Mais, Madame, il faut donc que je ne le

voye pas, que je ne voye perſonne ; à moins que je ne porte toujours ce vilain maſque.

LA FÉE.

Effectivement, c'eſt un moyen. Encore faut-il bien prendre garde que vos diſcours, votre ſilence même ne ſoulèvent ce petit maſque, & ne vous mettent à la merci d'Urgande.

ZÉNÉÏDE.

Mais il faudra donc mentir, & vous m'avez toujours recommandé la vérité.

LA FÉE.

Oui. Mais il eſt tel vérité qu'on peut & qu'on doit quelquefois cacher, pour ne la dire que bien à propos; ſans cela, elle nuit, au lieu d'être utile; laiſſez croire, par exemple, à Olinde, que vous êtes bien loin d'avoir les perfections qu'il ſe figure. Je ſuis ſûre, d'après ce que vous m'avez dit, qu'il s'exagère déjà tellement vos charmes, que vous ne perdrez pas autant que vous le craignez en contrariant ces éloges.

ZÉNÉÏDE.

Et puis-je, au moins, laiſſer croire que je ſuis bonne?

ZÉNÉÏDE,

LA FÉE.

Fort bien.

ZÉNÉÏDE.

Que je suis sensible?

LA FÉE.

Allons. J'y consens encore.

ZÉNÉÏDE,

Et s'il m'aimoit véritablement & malgré tout ce que je pourrai faire, me sera-t-il permis de lui avouer?....

LA FÉE.

Que vous l'aimez déjà : n'est-il pas vrai ?

ZÉNÉÏDE.

En vérité, je ne fais plus que vous demander & que vous répondre.

LA FÉE.

Je ne veux pas augmenter votre embarras, mais souvenez-vous d'Urgande & de ces mots sur-tout :

> Tu seras laide à faire peur,
> Si tu n'enchaînes ton vainqueur,
> Sans qu'il se doute de tes charmes.

Adieu, Zénéïde. Songez à tout cela. Je reviendrai tout-à-l'heure.

ZÉNÉÏDE.

Ah! ne me quittez pas. J'ai des craintes affreuses.

SCENE II.

ZÉNÉÏDE, *seule*.

Pour le coup, je ne sais plus où j'en suis ni comme je suis..... Ah! j'étois si heureuse; ce n'étoit pas, il est vrai, des contentemens bien vifs; mais enfin j'étois bien..... On me mène au Bal; j'ai du plaisir : Olinde me voit, m'aborde, me parle, me plaît, & tout aussi-tôt il faut que je revienne ici, & dans l'instant j'apprends qu'il y est, & que pour plaire, il faut qu'on me croye laide..... Mais, mais cela est-il naturel? cela est-il possible? Ah! maudite Urgande! & sous quel prétexte porter un masque quand on n'est plus au Bal? C'est pour le coup qu'il pensera bien aisément que je ne suis pas jolie. Que dis-je? que je suis laide à faire peur; je désirois de revoir Olinde. Je desire presque qu'il ne me rencontre jamais..... J'entens quelqu'un. C'est peut-être déjà lui.

SCENE III.

GNIDIE ET ZÉNÉÏDE, *qui a remis son masque.*

GNIDIE, *courant à Zénéïde.*

Zénéïde, Zénéïde!.... Un jeune homme dans nos jardins......

ZÉNÉÏDE, *bas.*

Justement.

GNIDIE.

Il est charmant.

ZÉNÉÏDE.

Il est......Vous a-t-il vue?

GNIDIE.

Et pourquoi gardes-tu donc ton masque?

ZÉNÉÏDE.

C'est......C'est qu'il me gênoit au Bal & je veux m'y faire..... Lui avez-vous parlé?

COMÉDIE.

GNIDIE.

J'en avois bien envie. Mais vois..... je suis deshabillée..... Je cours à ma toilette. Je crois pourtant, à te dire vrai, qu'il m'a entrevue..... (*Elle s'eloigne & revient.*) Ah! dis-moi, Zénéïde. Quelle robe mettrai-je?

ZÉNÉÏDE.

Mais vous ne me consultez jamais là-dessus.

GNIDIE.

Tiens! Je vais prendre celle que j'avois quand on a fait mon portrait..... Elle mè sied, n'est ce pas?.... Tu me l'as dit toi-même, Zénéïde.

ZÉNÉÏDE.

Je crois qu'oui..... A la bonne-heure.

(*Gnidie sort avec empressement.*)

SCENE IV.

LA FÉE, ZÉNÉIDE *ôtant son masque;*
GNIDIE *qui s'éloigne.*

LA FÉE, *à part.*

QUE j'apperçois déjà de mouvement dans ces petites têtes-là ! Où courez-vous donc, Gnidie ?

GNIDIE *déjà loin.*

Finir ma toilette.

ZÉNÉIDE, *vivement.*

Ah ! Madame, elle lui plaira. Défendez-lui.....

LA FÉE.

Déjà jalouse !

ZÉNÉIDE.

Je ne l'ai jamais été, & si ce n'étoit ce vilain masque..... Tenez : ordonnez à Gnidie d'en porter un aujourd'hui.

LA FÉE.

Il n'y a aucune raison pour cela. Mais pour-

COMEDIE.

quoi tant de craintes ? Zénéïde, vous avez d'autres avantages que ceux de la beauté. D'ailleurs, Olinde vous a parlé la premiere. Vous ne difconvenez pas qu'il vous a trouvée très-aimable. Vous lui avez montré beaucoup d'efprit. (*Elle fourit.*) C'eft avoir affez d'avance.

ZÉNÉÏDE.

Ah ! de l'efprit. Je ne fais fi j'en ai montré ; mais je fuis sûre que je vais être bête comme ce mafque qu'il faut que je porte. Parler fous le mafque, fans être au Bal !

LA FÉE.

Cela eft bien plus commun que vous ne le penfez, Zénéïde.

ZÉNÉÏDE.

Mais enfin, Gnidie eft affez bien. Elle eft jolie.

LA FÉE.

Et vous, vous refterez belle...... fi vous voulez.

ZÉNÉÏDE.

Que m'importe, s'il faut qu'on l'ignore ?

LA FÉE, *regardant.*

Je crois voir là bas quelqu'un.

ZÉNÉÏDE.

Vous me troublez.

LA FÉE.

C'eſt un jeune homme.

ZÉNÉÏDE.

Ah ! c'eſt Olinde, qui peut-être me cherche déjà..... comme le cœur me bat..... & vous vous en allez !....

LA FÉE.

J'ai bien des affaires aujourd'hui, Zénéïde, mais je ne vais à préſent que dans mon cabinet. Je ferai comme avec vous, puiſque vous pourrez me voir d'ici, & je reviendrai le plus ſouvent que je pourrai. Mettez vîte le maſque, & qu'il tienne bien, entendez-vous ?

ZÉNÉÏDE.

Il ne tient déjà que trop, pour me gêner bien fort.

LA FÉE.

Calmez votre eſprit.

ZÉNÉÏDE.

Ah! je n'en ai plus du tout.

(*La Fée fort.*)

SCENE V.

ZÉNÉÏDE, *seule*.

Comme on eſt différent de ſoi-même, lorſ-qu'on perd quelque choſe ſur quoi l'on comptoit un peu! Allons; tâchons de me perſuader que je ſuis laide. Oh! par exemple; je n'avois jamais eu cette idée là; & comment l'avoir? Comment le dire, & le perſuader encore?.... Voilà le plus fort; ſur-tout quand..... quand on ne voudroit pas déplaire; quel tourment! Quel embarras!....

SCENE VI.

ZÉNÉIDE *masquée*, OLINDE *courant à elle.*

OLINDE.

AH! Zénéïde, aimable Zénéïde! Ah! je vous trouve enfin..... & quoi! votre masque encore!.... que ne l'ôtez-vous donc?

ZÉNÉÏDE.

Le nœud est trop serré.

OLINDE *veut s'empresser à le délier.*

Je vais le dénouer ou le rompre.....

ZÉNÉÏDE.

Non, non. En le rompant, vous me feriez sûrement beaucoup de mal..... Mais comment êtes-vous ici?

OLINDE.

J'ai tant demandé d'être admis dans le séjour que vous habitez, que j'ai obtenu d'y entrer. J'ai déjà couru tous les appartemens, tous les jardins, fans les voir, & je courrois encore, fi je ne vous avois enfin rencontrée.

ZÉNÉÏDE.

Olinde, j'en fuis bien aife..... & j'en fuis fâchée.

OLINDE.

Et pourquoi donc?

ZÉNÉÏDE.

Ah! pour bien des raifons. Premierement, nous ne fommes plus au Bal.

OLINDE.

Vous regrettez la danfe, & moi, je ne defire plus rien; mais rien du tout, & dans quelque lieu que je me trouve déformais, fi Zénéïde y eft, elle me verra enchanté, comme elle voit que je le fuis, & jamais fâché.

ZÉNÉÏDE.

Ah! tous les lieux & tous les inftans ne font pas égaux.

OLINDE.

Comment?

ZÉNÉÏDE.

Par exemple, au Bal, on peut dire mille choses qu'on ne peut plus dire ailleurs. On y cause, & ici, on ne doit que s'entretenir.

OLINDE.

Voilà donc pourquoi vous avez l'air embarrassé. Ah! vous me soulagez un peu ; car votre accueil m'avoit surpris, interdit, fâché.

ZÉNÉÏDE.

Je vous assure que je n'en ai pas le dessein ; mais..... nous ne sommes plus au Bal.

OLINDE.

Cependant, vous avez encore le masque ; & vous prenez l'air réservé, comme si vous ne l'aviez pas ; à quoi vous sert-il ?

ZÉNÉÏDE.

Plus que vous ne pouvez jamais le penser.

OLINDE.

Savez-vous que vous m'inquiétez ? ce vilain masque m'empêche de vous voir, & si c'étoit par ordre que vous le portez ? s'il me menaçoit de

ne

ne vous point voir, tant que je serai ici.....
Oh ! cela seroit affreux.

ZÉNÉÏDE.

Mais que croyez-vous gagner à me voir ? là..... c'est où je vous attends..... songez à ce que vous allez répondre. Songez-y bien.

OLINDE.

Comment ? ce que je gagnerois à voir, à admirer des traits qui ne le cèdent certainement en rien à tout ce qui déjà m'enchante en vous, à tout ce qui me touche, lorsque vous parlez ! Mais cela peut-il se demander ? Ce que je gagnerois à voir ces traits si beaux ajouter leur expression & leurs graces à ce que vous penseriez, à ce que vous me diriez.... si vous me parliez ici, comme vous aviez la bonté de faire, il y a peu d'instans.

ZÉNÉÏDE, *vivement & fâchée.*

Ne voilà-t-il pas qu'il me croit la plus belle personne du monde ? & point du tout. Vous ne savez rien de tout ce que vous dites. Pourquoi parler comme un étourdi sans connoître, sans.....

OLINDE.

Mais que voulez-vous, vous-même, me faire

F

entendre ? Aimable Zénéïde ; oh ! si vous sentiez tout ce que je sens, vous sauriez que le cœur devine & devine bien plus sûrement, bien plus promptement que les yeux ne peuvent appercevoir. Est-ce que vous ne vous êtes pas apperçue à mes regards qu'on s'entend sans se parler, qu'on répond à ce qui n'a pas encore été prononcé, & qu'on ne se trompe jamais, quand les sentimens sont d'accord ? Hélas ! pourquoi ne nous comprenons-nous plus depuis quelques momens ? Pourquoi me tourmentez-vous ? Zénéïde, vous qui me traitiez avec plus de bonté, oserois-je le dire ? avec quelqu'intérêt, & sur-tout avec une franchise.....

ZÉNÉÏDE, *à part*.

Mais, mais certainement il m'aime.....Sans cela seroit-il si fâché?....& il va me croire dissimulée.

OLINDE.

Vous parlez sans que je vous entende. Que dois-je penser ?.... Eh bien ! oubliez ce que je vous ai dit, si j'ai le malheur de vous avoir déplû par ma curiosité. J'avoue qu'il m'est impossible de ne pas desirer de vous voir : il m'est tout aussi impossible de ne pas croire ce que j'ai avancé sans vous avoir vue ; mais qu'importe ?

COMÉDIE.

n'est-ce pas à votre ame que la mienne a rendu son premier hommage ? mon cœur ne s'est-il pas laissé enchaîner pour jamais par le charme de vos discours, par cette adorable naïveté, par tant d'autres attraits auxquels le masque n'ôte rien ? mais songez que la Nature & l'Amour vous en voudront de n'y pas ajouter leurs autres bienfaits, de dédaigner enfin la beauté, dont tant d'autres s'enorgueillissent.

ZÉNÉÏDE.

Mais,..... mais, vous dis-je encore, vous êtes dans l'erreur. (*à part.*) je ne pourrai jamais me tirer de-là, & je finirai par devenir laide.

OLINDE.

Quel embarras je vous vois ? qui peut donc le causer ? quelle raison enfin avez-vous ?

ZÉNÉÏDE

Bien plus d'une : je vous l'ai dit, Olinde, & ne comptez pas les savoir toutes au moins. C'est un secret.... Oui.... &... c'est le mien.

OLINDE.

Des secrets !.... que je suis malheureux !

Vous n'en aviez point, il y a quelques momens, pour moi. Quel nouveau danger courez-vous donc à me les confier à présent ?

ZÉNÉIDE.

Oh ! je ne les connoissois pas ces dangers. Je les sais : ils sont terribles.....

OLINDE.

Vous ne voulez pas me dire ce secret. Eh bien ! je vais le deviner. Mais j'aimerois bien mieux le tenir de vous, & ce seroit comme si vous l'aviez toujours gardé.....

ZÉNÉIDE.

Ah ! vous voulez me séduire ?.... N'y comptez pas. On m'a prévenue sur cet art de flatter pour obtenir, sur cette curiosité indiscrete, & sur bien d'autres choses encore..... Enfin, ce masque que vous voulez absolument que j'ôte, & que je n'ôterai pas, (soyez-en bien sûr,) sert déjà à me prouver qu'il faut que je me tienne sur mes gardes..... & j'ai peut-être d'autres raisons encore.

OLINDE.

Ah ! je comprends.....

COMÉDIE.

ZÉNÉIDE.

Quoi, s'il vous plaît ?

OLINDE.

Que la Fée vous a donné toutes ces préventions ; mais qu'il me fera facile de les détruire, à moins que vous ne me rendiez le plus malheureux des hommes en m'éloignant de vous.

ZÉNÉIDE.

J'en ferois trop fâchée ; mais il faut que je ne fois pas malheureuse non plus.

OLINDE.

Eh bien ! le moyen feroit de commencer par oublier un moment la Fée, pour nous occuper de nous plus entierement, &, pour preuve que vous y confentez, de quitter toute efpèce de déguifement..... jufqu'à ce mafque, oui, ce mafque qui femble féparer nos deux ames.

ZÉNÉIDE, *fouriant.*
(*à part.*)

Je ne fai..... je fuis prête à croire que je ne rifquerois peut-être pas tant. (*Elle fait un mouvement comme involontaire & s'arrête auffi-tôt.*) Ah ! qu'allois-je faire ? Non, non ; je ferois perdue. Il me croit toujours jolie.

OLINDE.

Que faites-vous donc ? & pourquoi ce mouvement ?

ZÉNÉÏDE.

C'est que mon masque étoit prêt à glisser.

OLINDE.

Je croyois que ce mouvement m'étoit plus favorable. Ah ! vous renoncez donc à cette confiance que je mérite, & qui vous rendoit si aimable ; vous, Zénéïde, que j'ai crue sensible, que j'ai crue bonne.

ZÉNÉÏDE.

Eh bien ! ne voilà-t-il pas qu'il me croit méchante & insensible ? Ah ! je n'y puis tenir. De grace, Olinde, n'allez pas croire que j'aie changé de caractère, & n'en changez pas vous-même. Cela est bien essentiel.

OLINDE.

Oui ; si vous aviez les mêmes sentimens.

ZÉNÉÏDE.

Qui vous dit que je ne les ai plus ?

COMÉDIE.

OLINDE.

Peu s'en faut que je ne croye que vous me haïssez.

ZÉNÉÏDE.

Oh ! pour cela, je vous le défends.

OLINDE.

Mais pourquoi toutes ces rigueurs ? Dites-m'en une raison seulement,

ZÉNÉÏDE.

Une ? vous voudriez bientôt les savoir toutes..... Écoutez-moi bien. Vous m'avez dit que vous m'aimiez.

OLINDE.

Et que je vous aimerai jusqu'à ma mort.

ZÉNÉÏDE.

Donnez-m'en l'assurance par une soumission à toute épreuve. Oui, que je puisse être certaine que malgré tout ce qu'on vous dira, tout ce que je vous dirai..... Moi-même.

OLINDE.

Je le jure par Zénéïde. Eh ! que ne puis-je

en ce moment aux autels lui renouveller ce ferment !

ZÉNÉÏDE.

(*bas.*)

Il me semble que j'ai moins peur. (*haut.*) Ainsi quelque chose que je vous confie..... quelque chose que vous puissiez voir en moi.....

OLINDE.

En vous !

ZÉNÉÏDE.

Oui, en moi : car si j'ôte ce masque, par exemple, vous serez peut-être bien embarrassé de votre promesse.

OLINDE.

Non, non : ôtez, je vous prie. Faites disparoître cette cause de tout ce que je viens de souffrir. Oui, un instant, un seul instant.

ZÉNÉÏDE.

Un instant ! n'est-ce pas comme si je l'ôtois toujours..... Ah ! s'ils sont tous aussi pressans, aussi rusés, combien il faut être sur ses gardes !

OLINDE.

Ne le détachez pas. Laissez-moi faire ; vous direz que ce n'est pas vous.

COMÉDIE.

ZÉNÉÏDE.

De la supercherie!.... Olinde, ah! éloignez-vous, éloignez-vous; je ne vous croyois pas capable de ces détours.

OLINDE, *s'approchant vivement.*

Ce dont je suis bien moins capable, c'est de modérer mes transports

ZÉNÉÏDE.

Si vous ne cessez, Olinde, je vous quitte pour jamais. J'appelle la Fée. Elle est là dans ce cabinet. Jamais vous ne me reverrez & je vous haïrai toujours.

OLINDE.

J'expirerois plutôt à vos pieds. (*Il rêve un moment.*) Me voilà soumis. (*Il prend un air plus réservé.*) Ordonnez de mon sort; mais je puis vous dire au moins que ce mystere est bien étrange..... & si vous tenez si fort à le cacher..... Qu'il seroit possible à la fin qu'on le devinât.

ZÉNÉÏDE.

Eh bien! devinez. Voyons votre talent à deviner.

OLINDE.

D'abord, on peut penser que c'est par un ordre exprès de la Fée.

ZÉNÉÏDE.

Non. Je n'ai à répondre à cet égard qu'à moi seule.

OLINDE.

A vous seule, (*à part.*) piquons sa vanité..... (*haut.*) En ce cas, d'autres que moi pourroient peut-être penser.....

ZÉNÉÏDE.

Quoi ?

OLINDE.

Oh ! je n'en dirai pas davantage, & je vous prie de faire attention que je parle d'autres que de moi..... car il seroit embarrassant & délicat de s'expliquer sur une chose qui..... cependant pourroit n'avoir pas dépendu de vous.

ZÉNÉÏDE.

Et de qui donc ?

OLINDE.

Mais de la Nature ; elle est quelquefois injuste.

COMÉDIE.

Elle n'affortit pas toujours entierement fes ouvrages les plus parfaits..... Mais, Zénéïde, fi elle avoit ce tort avec vous, c'eft qu'elle a tant fait d'ailleurs qu'elle auroit craint que tout votre fexe n'en fût jaloux. Eh! comment en effet affortir tout abfolument aux charmes que vous montrez?.... Ah! cela n'eft pas poffible. Ainfi pourquoi vous en feriez vous une peine...... fuppofé que.....

ZÉNÉÏDE.

Suppofé..... Ah! vous voilà content de votre fagacité, (*à part.*) & moi enchantée. Il commence à me croire laide, mais auffi fon air & fon ton me femblent déjà plus froids. (*haut.*) Olinde, avouez que vos idées commencent à changer. (*à part.*) Je tremble de la réponfe. (*haut.*) Vous voudriez, n'eft-il pas vrai, n'avoir pas eu cette explication, n'avoir pas deviné..... Mais vous en aurez moins de peine à me quitter; auffi-bien il eft temps.....

OLINDE.

Ah! que vous connoiffez peu Olinde..... Eh bien! quand la Nature auroit été injufte à votre égard, quand vous feriez cent fois moins belle.....

ZÉNÉÏDE.

Allons, dites donc plus laide ; allons.....
allons.... cela eſt eſſentiel.... dites, dites,...
j'y conſens. Je le veux.

OLINDE.

Mais non ; vous ne pouvez l'être.

ZÉNÉÏDE.

Et moi, je vous dis que je le ſuis..... Oh ! je me fâcherai tout de bon. N'allez-vous pas gâter tout ce que vous avez dit ?

OLINDE.

Eh bien ! Zénéïde, je vous aime, je vous aimerai toute ma vie, de quelque manière que vous vous montriez à mes yeux ; & le temps, le temps même, qui met ſi ſouvent & ſi vîte au niveau la laideur & la beauté, n'aura jamais aucun pouvoir ſur un amour que la beauté n'a pas fait naître, puiſque je ne vous ai point vue.... Enfin, ayez, ſi vous voulez,.... des diſgraces..... Êtes-vous contente ?

ZÉNÉÏDE.

Fort bien, Olinde.

COMÉDIE.

OLINDE.

Il n'en feroit point qui ne me plût en vous, je le jure à vos genoux.

ZÉNÉÏDE.

Oh! il le jure, il le jure; il n'y a plus à en douter. Il feroit impoffible de n'être pas fincere & de le paroître autant. (*à part.*) que je fuis charmée qu'il me croye laide! (*haut*) Olinde, je vous remercie, je vous remercie; & je cours dire tout à la Fée.

OLINDE.

Ah! que je vous fuive!

ZÉNÉÏDE.

Non, non..... Je reviens tout-à-l'heure. (*à part.*) Il faut favoir d'elle s'il le croit affez! (*haut.*) Ne vous en allez pas au moins; & fur-tout, ne fongez abfolument qu'à ce que vous venez de dire..... Ne vous avifez pas d'y changer un mot. Cela est effentiel ; je vous en avertis.

SCENE VII.

OLINDE, *seul.*

OH ! certainement elle n'eſt pas ſi bien que je penſois..... Mais qu'elle eſt aimable ! quelle charmante franchiſe ! quelle aimable naïveté !.... Eh bien ! elle aura quelque petite difformité ; à la bonne heure..... D'abord ſes yeux ſont très-beaux : je ne puis en douter ; je les ai bien vus, & le maſque ne les cache point du tout..... Le tour du viſage eſt encore le plus agréable du monde..... Pour la bouche.... ah ! je n'en ſai rien : mais elle ne ſauroit être difforme, à en juger par les ſons ſi doux & ſi intéreſſans de ſa voix. Le reſte..... oh ! le reſte eſt ſi peu de choſe ! & puis, dans ce reſte encore, ne faut-il pas compter tout ce qui plaît dans ſon maintien, ce qui enchante dans ce qu'elle dit ; ſa taille, ſa démarche, ſes jolies mains, ſes jolis pieds..... Oh ! la part de la laideur doit être bien petite. (*Il rêve un moment.*) Au pis-aller..... je lui laiſſerois, ſi elle le vouloit abſolument, porter le maſque pendant le jour..... Quelqu'un approche ; c'eſt, je crois, cette autre jeune fille, qui ſe faiſoit voir, en paroiſſant m'éviter.

COMEDIE.

SCENE VIII.
GNIDIE, OLINDE.

GNIDIE.

Bon-jour, seigneur Olinde.

OLINDE.

Quelle parure ! quels attraits ! qu'on doit se trouver heureux, jeune Beauté, de vivre dans ce séjour ! tout ce que j'y ai vu jusqu'ici me le persuade.

GNIDIE.

Si c'est moi qui vous inspire cette idée, franchement j'en suis flattée..... Je reçois rarement des aveux aussi obligeans..... Il n'y a ici que des femmes.

OLINDE.

Et elles ne vous rendent donc pas toute la justice que vous méritez ?

GNIDIE.

Oh ! pour cela non. Je suis franche, & je vous avoue que je vous crois meilleur juge qu'elles. D'abord, vous me regardez d'un air plus obligeant.... Elles, c'est toujours pour me critiquer ; mais je ne suis pas ingrate, & je rends justice à tout le monde.

OLINDE, *à part.*

Elle est aussi franche que Zénéide, en effet ; mais il me semble qu'elle n'y gagne pas autant. (*haut.*) Dites-moi, aimable Beauté, la Fée est, sans doute, plus juste à votre égard.

GNIDIE.

Comme cela..... elle me montre quelqu'intérêt. Cela me fait supporter ses avis éternels..... Elle est sévère ; je vous en avertis..... Vous restez ici, sans doute. Eh bien ! lorsque vous aurez quelque chose d'agréable à me dire, que mes compagnes l'entendent, si vous voulez ; mais non pas elle. Je vous ai vu la première, vous le savez bien. Entendons-nous ensemble. Je vous mettrai au fait de tout : nous ferons amis..... Rien de caché. Tenez : je sens que vous m'intéressez. Je suis sûre que vous êtes bon ami. Vous prendrez mon parti..... Je ne serai pas ingrate..... Cela sera charmant, & personne ne pourra deviner comment se sera faite notre liaison.

OLINDE.

COMÉDIE.

OLINDE.

Pour commencer, dites-moi ce que vous pensez de Zénéide : n'est-elle pas votre amie ?

GNIDIE.

Zénéide ! elle est naïve, & elle a un assez bon caractère.

OLINDE.

(à part.)

Un bon caractère ! Oh ! elle est laide. Il n'y a plus de doute. (haut.) Et l'aime-t-on ici ?

GNIDIE.

Mais, oui ; on l'aime assez. Elle n'est ni méchante, ni envieuse. La Fée a une prédilection, on peut dire même, une foiblesse pour elle.... dont elle n'abuse pas..... Imaginez que la Fée a fait elle-même son portrait.

OLINDE.

Son portrait !.... bien ressemblant ?

GNIDIE.

Oh ! elle l'a flattée ; je vous en assure. Elle a fait aussi le mien, & tout au contraire, moins bien que je ne suis. C'est Zénéide qui me l'a dit, & à cette occasion, tout plein de choses obligeantes, que je n'ai pas oubliées. D'ailleurs, vous savez que le miroir est un juge certain : je l'ai consulté.

OLINDE.

Je m'en doute ; c'est quelquefois un conseiller utile, & s'il y en avoit pour les caractères.....

GNIDIE, *avec un ton fâché.*

Ah ! voici la Fée. J'en suis fâchée...... Je ne vous le dirois pas si vîte au moins, si nous n'étions interrompus. (*à part.*) Courons à Zénéïde conter tout ce qu'on vient de me dire d'agréable.

SCENE IX.
LA FÉE, OLINDE.
LA FÉE, *à part.*

JE crois Zénéïde ; mais cependant je veux m'éclaircir moi-même avec Olinde, pour m'assurer davantage.

OLINDE.

Ah ! Madame, je connois votre puissance & votre amitié pour Zénéïde. Vous savez sans doute sans le secours de personne, mais peut-être aussi par l'aveu de votre aimable pupile, mes desirs, mes vœux, mes craintes, & le bonheur auquel j'aspire ?

LA FÉE.

Effectivement. Vous avez bien dû penser, Olinde, qu'en vous donnant la permission d'entrer ici, je me réservois de vous y observer, mais en même temps que je ne vous traitois pas en ennemie.

OLINDE.

Ah ! faites plus, Madame. Honorez-moi de votre protection, de votre faveur, & que l'aimable Zénéïde en devienne l'heureux gage. Ce seroit aussi celui de ma reconnoissance éternelle.

LA FÉE.

Mais avez-vous bien réfléchi à ce qu'elle vous a dit ?

OLINDE.

C'est à vous, Madame, à établir le degré de confiance que je dois avoir à ce qu'elle m'a fait entendre.

LA FÉE.

Vous connoissez son caractère : elle est ingénue. Je vous suis garant qu'elle ne vous trompera jamais. Elle ne s'eſt pas flattée en vous parlant de ſa figure. On doit croire une femme qui fait ces ſortes d'aveux, & je ne puis, pour votre commun intérêt, que confirmer tout ce qu'elle vous a dit.

OLINDE.

Elle eſt donc, là, bien véritablement laide.

LA FÉE.

Je ne dois flatter ſur ce point ni vous, ni elle.....

OLINDE.

J'avois penſé qu'elle auroit pu exagérer un peu par excès de modeſtie.

LA FÉE.

Non, d'ailleurs vous pouviez penſer auſſi que ſon intérêt eſt de vous prévenir, pour que vous ne ſoyez pas ſi effrayé. Mais quoiqu'il en puiſſe être, c'eſt à vous à vous conſulter : il eſt encore temps.

OLINDE.

Non, Madame, non; tout eſt conſulté : je l'adore. Je ferois le plus malheureux des hommes ſans elle.

COMÉDIE.

LA FÉE.

Votre ton m'engageroit à vous croire ; mais il ne seroit pas mal cependant que vous sussiez plus positivement à quoi vous en tenir. Zénéide n'a pas voulu se laisser voir ; mais j'ai son portrait.

OLINDE.

Je sai qu'il est votre ouvrage. Montrez-le moi, de grace. (*avec un air embarrassé.*) Oh ! ne craignez rien au moins.... Mon amour la vengera de tous les torts de la Nature.

LA FÉE *lui donne un portrait.*

Tenez,.... ouvrez. (*à part.*) L'épreuve est forte ; mais il faut être bien sûre.....

OLINDE *ouvre en tremblant, & referme tout de suite avec l'air affligé.*

Oh ! Dieux !

LA FÉE.

J'ai adouci quelques traits.

OLINDE.

Adouci, dites-vous ?

LA FÉE.

Eh bien ! vous voilà surpris, peut-être indécis

dans vos résolutions, peut-être embarrassé de vos protestations. Parlez sans détour, Olinde.

OLINDE, *moitié bas.*

Je ne m'étois pas fait cette idée, il est vrai....
(*Il r'ouvre le portrait.*)
Mais voilà pourtant ses beaux yeux. Eh ! oui, oui ; les voilà bien !

LA FÉE.

Vous les connoissiez ?

OLINDE.

Voilà le tour de visage....

LA FÉE.

Il n'est pas mal.

OLINDE.

Il est très-joli.... Pour le nez & la bouche, voilà ce qu'à la vérité l'on pourroit.... Encore y a-t-il de la physionomie dans tout cela, du caractère..... & une certaine grace qui doit bien augmenter quand elle parle, quand elle s'intéresse, quand elle s'anime, quand elle sourit..... Oh ! on peut certainement s'y accoutumer.....

Tenez ; je me figure l'entendre, & le portrait s'embellit.

LA FÉE.

Vous êtes prévenu, Olinde, ou peu difficile : car vous m'avouerez que cette bouche.....

OLINDE.

Mais les dents sont peut-être belles, & si, en la peignant, vous l'aviez fait un peu sourire, comme cela lui arrive sans doute.....

LA FÉE.

Et ces marques que lui ont imprimées......

OLINDE.

Ah ! tout le monde est exposé à cet accident, & cela pourroit arriver le lendemain d'un mariage ; mais cela n'a pas altéré sa blancheur : son teint est admirable & cela se remplira......

LA FÉE, *en riant.*

Je vois que l'Amour fait faire valoir la laideur, comme il fait quelquefois déprifer la beauté.

SCENE X ET DERNIÈRE.

ZÉNÉÏDE, GNIDIE, LA FÉE, OLINDE.

ZÉNÉÏDE.

Madame, Madame, voilà Gnidie qui assure qu'Olinde l'aime, qu'il le lui a dit.

GNIDIE, *embarrassée.*

Je ne t'ai pas dit tout-à-fait cela.

OLINDE.

Vous avez eu raison : mais j'ai rendu justice à votre figure & à votre caractère. Cela est vrai.

ZÉNÉÏDE *à la Fée.*

Mais, qu'est-ce que ce portrait qu'il tient ? celui de Gnidie, sans doute..... Ah ! que je suis troublée !

LA FÉE.

Non, c'est le vôtre.

ZÉNÉÏDE.

Le mien !

COMÉDIE.

OLINDE.

C'est le portrait de celle que j'adore. (*Il le baise.*) Malgré..... Oui, que j'adorerai toute ma vie. (*Il le baise encore.*)

ZÉNÉÏDE, *courant prendre le portrait.*

Que je le voie !

LA FÉE.

Il va lui faire peur.

ZÉNÉÏDE, *jettant le portrait.*

Ah ! quel monstre !.... ah ! quelle horreur ! quelle méchanceté !....

OLINDE.

Pourquoi ces exclamations ? Zénéïde, vous n'avez rien perdu dans mon cœur ; au contraire.....

ZÉNÉÏDE.

Mais je vous dis que ce portrait est un monstre.

OLINDE.

Non. Il n'est pas sans agrémens. Demandez à Madame ce que j'en ai dit, ce que j'en pense.

ZÉNÉÏDE.

Je pleure de dépit, de colère. Je ne sai plus où j'en suis.

ZENEÏDE,

LA FÉE.

Appaisez-vous donc, Zénéïde. En vérité, rien n'est si plaisant que ce courroux.

(*Olinde s'approche.*)

ZÉNÉÏDE.

Laissez-moi, je vous fuis; mais je veux, avant de vous quitter, que vous voyez, quoiqu'il puisse m'en coûter.....

LA FÉE.

Et Urgande, Urgande.

ZÉNÉÏDE.

Eh! que peut-elle faire de pis! je suis déjà sans doute comme cet affreux portrait.

(*Elle se démasque.*)

OLINDE.

Oh! Dieux! Dieux! que vois-je?

ZÉNÉÏDE, *troublée.*

Ah! je suis horrible. Je le savois bien. Il recule d'effroi.....Madame, je suis donc bien affreuse.

LA FÉE, *en riant.*

Moins que le portrait.

OLINDE.

O chef-d'œuvre de beauté ! ô Zénéïde ! & pourquoi me cachiez-vous donc tant de perfections ?

GNIDIE.

Tant de perfections ! ah ! l'on m'avoit bien dit qu'ils n'avoient pas plus de constance que de goût. Fuyons-les pour toujours. (*Elle sort.*)

ZÉNÉÏDE, *un peu rassurée.*

Quoi ! Madame, est-ce que je ne serois pas....

OLINDE.

Rien ne fût jamais si beau que vous dans l'Univers.

ZÉNÉÏDE.

Helas ! plus il l'assure, plus je dois croire à son amour. Olinde ! si vous m'aimiez sincèrement en me croyant laide, vous m'aimerez donc encore si je le deviens : vous m'aimerez quand je serai vieille ; vous m'aimerez toujours.

OLINDE.

Je vous l'ai juré, Zénéïde, quand vous me trompiez. A présent que vous ne pouvez plus feindre, croyez-vous que je manque à mes sermens. (*A la Fée.*) Madame, recevez-les, approuvez-les, accordez-moi vos bontés & votre consentement. (*Olinde ramasse le portrait.*)

ZÉNÉIDE, *vivement.*

Que voulez-vous faire ? laissez là le monstre.

LA FÉE.

Ah ! le monstre a des droits à sa reconnoissance & à la vôtre. (*Elle donne à Olinde un autre portrait.*) Pour celui-ci, gardez-le toute votre vie, comme vous garderez le cœur de Zénéide.

OLINDE.

Ah ! c'est le véritable celui-là ! Dieux ! qu'il est beau ! comme il ressemble !

ZÉNÉIDE.

Songez que vous avez juré de ne m'aimer qu'en moi. (*Avec une sensibilité douce & satisfaite.*) Oui, telle que je serai.... & telle que je suis....

LA FÉE.

Je garantis après cette épreuve, votre bonheur & je pardonne à Urgande. Que tous mes sujets viennent prendre part à votre joie & à mon triomphe.

FIN.

LES STATUAIRES D'ATHÈNES,

COMÉDIE,

EN TROIS ACTES, EN PROSE;

COMPOSÉE EN 1766.

NOTE

SUR LES STATUAIRES D'ATHÈNES.

La lecture de Térence m'a inspiré le genre de cette Pièce. Le travestissement des deux principaux personnages, qui a sans doute quelqu'invraisemblance, semble autorisé sur nos Théâtres par plusieurs ouvrages qui ont le même défaut, & qui y sont vus avec plaisir. Pygmalion, entr'autres exemples, en est un de cette indulgence.

Le Prologue dont la suite remplit les intervalles du second & du troisième Acte, est une nouveauté. Elle exclueroit dans la représentation de cet ouvrage la musique des Entr'actes; mais on pourroit dédommager de cette privation, après le dénouement, par une Pantomime dont le sujet seroit la cérémonie du mariage des deux Amans dans le costume ancien. Cette Pantomime composée avec intelligence, avec goût & surtout avec la juste mesure d'exactitude pour l'antiquité que comportent nos spectacles, & soutenue d'une Musique convenable, ameneroit un Ballet agréable.

Si l'on risquoit l'exécution de cette Comédie, il seroit nécessaire que le Théâtre fût vaste & disposé avec intelligence, d'après ce qui est indiqué; je pense qu'il seroit bon de faire peut-être quelques retranchemens à plusieurs Monologues dont la longueur tolérable à la lecture pourroit l'être moins à la représentation; j'ajouterai que deux Acteurs dont les talens, l'âge & la figure conviendroient aux deux principaux rôles, & qui jouiroient déjà de l'avantage de plaire habituellement au Public, pourroient ajouter

ajouter à cet ouvrage l'agrément dont il auroit besoin pour réussir & lui rendre le service que Mademoiselle Gaussin & M. Grandval rendirent à Zénéïde.

ACTEURS.

DÉMOPHON, } Citoyens d'Athènes.
NAUCRATES,

DORIDE, fille de Démophon.

LÉONIDE, fils de Naucrates.

ALCAMÈNE, } Statuaires.
ORACRITES,

DAVE, Esclave de Naucrates.

UN MARCHAND D'ESCLAVES.

JEUNES FILLES portant des corbeilles.

ATHÉNIENS ET ATHÉNIENNES.

ACTEUR DES PROLOGUES.

L'AMOUR.

(*La Scene est à Athènes.*)

PROLOGUE
DU PREMIER ACTE.

L'AMOUR.

JE ne me suis jamais senti si disposé à médire & à mal faire. Je me suis brouillé avec les Dieux ; j'ai quitté l'Olympe, &, pour me défennuyer, je vais mettre en action la jalousie des Artistes d'Athènes, les inquiétudes des Vieillards, les friponneries des Esclaves & les desirs des jeunes Amans.

A quoi nous feroient bons les hommes, sans leurs ridicules ? qu'auroient-ils d'intéressant pour nous ? Leur soumission ? elle est forcée ; ils sont foibles. Leurs sacrifices ? sans la crainte, ils n'en feroient pas.

PROLOGUE.

D'ailleurs la fumée en eſt ſi âcre, l'odeur ſi fétide & les motifs ſi bas ! Leurs louanges ? qu'elles ſont fades ! ſans ceſſe la même choſe. Leurs vœux ? dictés par leur intérêt, & preſque toujours contre leur intérêt. Leur ame ? changeante & foible. Leur eſprit ? en ont-ils ? Leur cœur enfin ? c'eſt-à-dire, le plus ſouvent, leurs ſens. Les voilà, ces êtres ſi fiers de leurs prérogatives. Et les Dieux ? oh ! je ſais de reſte ce qu'on en pourroit dire auſſi ; mais, chut.....

Ces Pygmées d'Athéniens, depuis qu'on flatte leur vanité puérile, s'aviſent de faire les Géans. Ils nous attaquent. Que je leur donnerois de bonnes armes, ſi je voulois ! car ils ont tous eu recours à moi, ces Dieux. Il n'en eſt pas encore dans l'Uni-

PROLOGUE.

vers qui n'ait eu quelque rapport à mes myſtères. Auſſi craignent-ils que je ne laiſſe échapper le ſecret de l'Olympe. Ils ont raiſon d'avoir peur : j'aime à parler ; je ne les redoute point, & s'ils ſont jamais chaſſés, je ſuis ſûr d'avance d'avoir ſur les nouveaux le même aſcendant que ſur les anciens ; car je ſuis le plus immortel de tous. Rien ſans moi. Le premier par-tout où je ſuis, & je ſuis par-tout. L'éloge, je l'avoue, n'eſt pas modeſte ; mais qui ſeroit digne de louer l'Amour, ſi ce n'eſt l'Amour.....

J'entends du bruit ; oh ! ce ſera quelqu'une des victimes que je me ſuis choiſies pour aujourd'hui. Mettons-les en action ; produiſons des illuſions. Que les circonſtances ſoient extraordinaires : le merveilleux me plaît. Aveugle que je suis, je fais voir aux autres tout ce que je veux, & je souris, lorsqu'on me parle, à moi, de vérités ou de vraisemblances. On approche. Je vais me rendre invisible; mais toujours présent. C'est un de mes miracles favoris. Est-il ici des incrédules! jeunes Beautés, jeunes Citoyens, vos cœurs seront mes garans. Vous souriez: ils rougissent. Je n'en veux pas davantage. Gardez ou révélez mes secrets; mais amusez-vous de mes jeux.

LES STATUAIRES D'ATHÈNES,
COMÉDIE.

ACTE PREMIER.

(*La Scène représente l'intérieur du Temple de Vénus. Deux socles peu élevés sont destinés à recevoir des statues. Ces socles sont aux deux côtés d'un autel. Dans les parties latérales du Temple, on apperçoit deux portes qui communiquent à des atteliers de Sculpteurs, occupés à embellir le Temple. Une balustrade ferme l'espèce de sanctuaire, où est l'autel; & l'on voit aussi quelques statues de Dieux & de Déesses entre les colonnes du Temple.*)

SCENE PREMIERE.
DÉMOPHON, ORACRITES.

DÉMOPHON.

ORACRITES, je ne puis rien pour vous. Le peuple d'Athènes doit aujourd'hui juger votre

Adonis & la Vénus d'Alcamène. Tous deux, élèves de Phidias, vous êtes des rivaux dignes l'un de l'autre. Naucrates & moi préfidons, à la vérité, à la fête de ce jour ; mais c'eſt aux Athéniens à prononcer. Ils aiment les Arts : ils paſſent pour s'y connoître ; ils décideront.

ORACRITES.

Ah ! ces Athéniens, Seigneur, ſont ſi légers, ſi prompts à décider, ſi peu inſtruits, puiſqu'il faut le dire, des myſtères de notre Art.....
Mais vous, Seigneur Démophon, dont les vertus, l'âge, les connoiſſances.....

DÉMOPHON.

Oracrites, mes connoiſſances me font deviner le motif de vos louanges : mon âge me met à l'abri de leurs ſéductions. Quant aux Athéniens, ils ſont légers, je l'avoue ; mais réunis, ils ſentent vivement & jugent avec fineſſe. Je ne ſais comment cela ſe fait ; mais il naît de la communication rapide de leurs idées un diſcernement qu'aucun peuple de la Grèce ne peut leur diſputer.

ORACRITES.

Et la prévention, Seigneur, la prévention, la brigue, les intrigues. Je dois vraiment vous dire à ce sujet que mon rival a mis dans ses intérêts un nombre considérable de Citoyens dont le jugement est déjà porté avant que d'avoir vu mon ouvrage. Enfin mon rival a un parti, une cabale.... Mais le voici : il vient vous prévenir sans doute contre moi. Ne lui dites pas, au moins, ce que je vous ai confié ; car d'ailleurs, (*il élève la voix.*) je rends justice, Seigneur, aux talens d'Alcamène : je connois son mérite.....

SCENE II.

DÉMOPHON, ORACRITES, ALCAMÈNE.

ORACRITES *continue, s'adressant à Alcamène.*

JE disois au Seigneur Démophon, vous venez peut-être de l'entendre, combien je dois redouter vos talens.

ALCAMÈNE.

Ah ! je me figure aisément l'obligation que je vous ai, & vous devez bien être certain de mon parfait retour.

DÉMOPHON, *en riant.*

Ne vous épuisez pas en témoignages d'estime réciproque & de modestie. Je vous crois également sincères ; mais il vous seroit plus utile de profiter du temps qui vous reste pour donner encore quelque soin à vos ouvrages. Le peuple s'assemblera bientôt ; &......

ALCAMÈNE.

(*Il tire Démophon à part.*)

J'aurois un mot à vous dire, (*bas.*) excusez. Êtes-vous instruit, Seigneur, qu'Oracrites fait une puissante brigue contre moi ?

DÉMOPHON.

Faites-en une contre lui.

ALCAMÈNE.

Ah ! Seigneur, en aurois-je besoin, si vous daigniez m'honorer de votre protection ?

DÉMOPHON

Je ne protège point, & ce n'est pas moi qui vous jugerai ; je dois vous l'apprendre, & je l'ai dit à votre rival.

ALCAMÈNE, *assez haut pour qu'Oracrites l'entende.*

Mais ce rival, Seigneur, emploie des moyens....

ORACRITES.

Des moyens? dites des soins, des études, des veilles. Voilà mes moyens; mais s'il m'étoit permis de dévoiler certaines pratiques.....

ALCAMÈNE.

Parlez, Seigneur, parlez. Je ne serai point en reste : je veux que Démophon soit instruit de ce qui s'est passé à l'occasion de cet ouvrage que vous venez de m'enlever.

DÉMOPHON.

Eh! je ne veux point de vos confidences. Employez mieux votre temps. (*à Oracrites.*) Je crois votre Adonis un fort bel ouvrage ; mais la plus belle imitation est encore bien loin de la Nature. (*à Alcamène.*) Vous, Alcamène, songez qu'au seul nom de Vénus se réveille l'idée la plus grande de la perfection & de la grace. Retournez à vos atteliers. Lorsque vous en sortez pour courir après la gloire, elle vous fuit : lorsque vous l'attendez, en travaillant, elle vient vous chercher. Allez, enfermez-vous. Examinez, méditez, corrigez ; un moment quelquefois éclaire.

ORACRITES, *se retire, & dit en s'en allant à basse voix :*

Ah ! ce moment n'est que trop arrivé. Mon Adonis vient de me paroître plein de négligence & de défauts.

ALCAMÈNE *se retire aussi en disant :*

Je crains bien que ma Vénus ne soit mon plus foible ouvrage. Malheureux que je suis ! ce qui devroit concourir à mon succès fera ma perte. Quels tyrans que l'Amonr & la gloire !

SCENE III.

DÉMOPHON *seul, en regardant s'éloigner les deux Statuaires.*

CES hommes, je le vois, sont tourmentés par l'intérêt & par la jalousie..... Moi, je suis en proie à des chagrins domestiques. Quelle comparaison entre nos peines ? des statues ! un prix ! l'opinion des Athéniens ! voilà des objets bien intéressans, pour en faire le bonheur ou le malheur de sa vie ! Mais perdre une fille unique !.... Ah ! ma chère fille ! ma chère fille ! Hélas ! elle m'est enlevée au moment où j'allois réparer des injustices dont mon cœur n'avoit que trop gémi. Sa marâtre morte, je la rappelle de Syciône ; où je l'avois reléguée par foibleſſe. Je la rappelle ; je diſpoſe tout pour un établiſſement qui devoit être la conſolation de ma vieilleſſe. Des brigands l'enlèvent. Je la cherche partout & je la cherche en vain. Ah ! malheureux père !.... mais j'allois oublier de dépoſer ici des tablettes. J'y promets une forte récompenſe à quiconque me donnera de ſes nouvelles. Hâtons-nous. Ce Temple ſera aujourd'hui plus fréquenté qu'à l'ordinaire ; l'occaſion eſt favorable.

(*Il va poſer ſes tablettes près de l'autel.*)

SCENE IV.

NAUCRATES, DÉMOPHON.

NAUCRATES *ne voyant pas Démophon.*

LE ſort produit des rencontres bien extraordinaires : je préſide à la fête de Vénus, & le ſort me donne préciſément pour collegue Démophon, dont je ſouhaitois éviter la rencontre.

Que lui dire ? sa fille sera sans doute arrivée de Syciône, & mon fils a disparu. L'étourdi ! l'insensé ! je le tenois bien enfermé, bien surveillé, depuis qu'il est question de ce mariage. Il m'échappe ; une fille unique ! de mon ancien ami ! riche, jeune ! mon pendard fait tout cela & s'enfuit...... Oh ! Dave est certainement du complot. Ce maraud m'avoit promis..... mais les Esclaves sont comme les animaux domestiques. fatigués, harcelés par les enfans qui les tourmentent, ils ne peuvent s'en passer. Pour les peres ! Oh ! ils ont beau payer, exhorter, menacer. Les fripons de valets préferent les injures & les coups d'un étourdi à tout ce qu'ils peuvent espérer des peres. Je viens d'apprendre que mon fils étoit entré chez un Marchand d'Esclaves. Ah ! c'en est fait, tout est perdu. Il aura enfin vu ces enchanteresses que je lui cachois avec tant de soin...... Peut-être quelques Phrygiennes qui véritablement sont si jolies ! la tête lui aura tourné. Mais quelqu'un est ici...... Démophon ! Dieux ! ô Dieux ! que lui dirai-je ?

DÉMOPHON *appercevant Naucrates, à part.*

Naucrates ! Ah ! quel embarras !

NAUCRATES, *à part.*

Cherchons une défaite.

DÉMOPHON, *à part.*

Trouvons quelqu'excufe.

NAUCRATES.

Ah! mon ancien ami! Bon-jour, le vertueux, le refpectable Démophon.

DÉMOPHON.

Les Dieux vous foient favorables, Naucrates!

NAUCRATES.

Quel bon augure pour moi, Démophon! le hafard nous raffemble dans cette fête, & dans peu, une réunion plus intime......

DÉMOPHON.

Eh! oui. Le terme où nous avons fixé le mariage de nos jeunes enfans s'approche. Et quand ma fille.....

NAUCRATES.

Eft-ce qu'elle ne feroit pas arrivée de Syciône ?

DÉMOPHON.

Et votre fils ? Pourquoi n'eft-il pas avec vous ? Ne feroit-il pas malade ? Il eft d'une fanté qu'il faut ménager beaucoup. On ne sauroit croire combien cela est nécessaire à son âge.

NAUCRATES.

Ah ! vraiment, je ne suis pas sans inquiétudes à son sujet ; mais, pour revenir à votre fille, quelqu'un m'a dit qu'elle paroît bien peu formée. Elle est, en effet, bien plus jeune que je ne croyois. Le voyage encore l'aura fatiguée. Il faut lui donner, mon cher Démophon, quelque repos. Le repos & de corps & d'esprit est bien essentiel à tout âge.

DÉMOPHON.

Ah ! cela n'est que trop vrai..... mais en me donnant de si sages conseils, je vous trouve distrait, occupé.....

NAUCRATES.

J'allois vous montrer la même inquiétude à votre égard : vous m'avez paru triste.

DÉMOPHON.

Ah ! Naucrates.

NAUCRATES.

Ah ! mon cher Démophon.

DÉMOPHON.

DÉMOPHON.

Ma fille m'a été enlevée.

NAUCRATES.

Mon fils a disparu.

DÉMOPHON.

Hélas ! pour l'hymen que nous desirons, il ne manque donc que les deux époux !.... Pères infortunés !.... Mais voici Dave.

SCENE V.

NAUCRATES, DÉMOPHON, DAVE.

NAUCRATES *voulant saisir Dave.*

Où est-il ? parle. Qu'est-il devenu ? malheureux ! je te ferai mettre aux fers, au cachot, à la torture, si.....

DAVE *se réfugiant près de l'autel.*

Eh ! je prends à témoin les Dieux, que je ne suis occupé qu'à chercher par-tout votre fils, pour vous en donner des nouvelles.

I

NAUCRATES.

Ah ! fi tu n'y parviens ; fi tu ne le ramènes ; dans quelque lieu que tu fois ; oui, dans ce Temple même, à cet autel ; je t'en arracherai, j'obtiendrai que tu fois puni.

DÉMOPHON.

Venez, Naucrates ; ne perdons point de temps. Inftruifons les Magiftrats, demandons leur fecours, & dans le fein de l'amitié, épanchons-nous en partageant des peines qui nous font communes.

SCENE VI.

DAVE, *feul*.

AH ! pauvre Dave, pauvre Dave !.... un maître infenfé, puifqu'il eft amoureux & plus terrible dans fon amour, que ces vieillards dans leur colère..... des tranfports de dix-huit ans..... Le délire d'un jeune homme ardent qui a été renfermé. Il s'échappe pour voir la fête de Vénus ; rien de plus naturel. Il voit une jeune Efclave : c'eft la première, il eft tranfporté. Tout eft dans l'ordre. Il veut l'acheter, il n'a pas la fomme : il court, l'emprunte, revient. Plus de Marchand, plus d'Esclave : voilà le jeune homme hors de sens. Les regrets, le désespoir, la colère se succèdent ; & c'est Dave qui doit savoir ce qu'est devenue cette belle, & c'est Dave qui doit savoir où est le jeune insensé qui la cherche. O trop malheureux Dave ! s'il te faut retrouver tout ce qui se perd chaque jour, chaque moment dans Athènes : le bon-sens des pères, la raison des enfans, une fille, un jeune homme..... Mais, le voici..... Léonide ! lui-même..... Eh ! que n'est-il venu un instant plutôt ? Observons de loin l'état du malade, & voyons s'il est à propos de me sauver, ou si je puis me hasarder & tenter de le guérir.

SCENE VII.

DAVE *qui se cache,* & LÉONIDE *courant précipitamment vers l'autel.*

LÉONIDE.

O Vénus ! combien d'Amans t'ont promis des sacrifices, & combien ont oublié leurs sermens ! Les ingrats ! les coupables ! Ah ! punis-les, & punis-moi plus cruellement qu'eux, si je ne bâtis un Temple, à l'instant, au lieu même où je retrouverai celle que je cherche, celle, ô Dieux! que je n'ai vue que quelques inftans.... Et pour y penfer toujours. Ce fouvenir me fuit, me preffe, m'agite. Son image m'environne: je ne vois plus qu'elle; je la pourfuis, je crois l'atteindre & je ne la poffede point..... Je l'ai perdue! je l'ai perdue. Vénus! où eft-elle? rendez-la moi. Eh! n'eft-ce pas au Temple de la beauté que je devrois la trouver? Mais..... ces ftatues ont toutes des traits qui lui appartiennent. (*il regarde plufieurs ftatues.*) Hébé, fa fraîcheur, Pfyché, fa grace...... Ah! celle-ci fur-tout! cette Flore! non, non; ce n'eft pas une illufion. Voilà fes véritables traits, fes yeux, fa bouche, fon fourire! examinons, regardons encore. O Vénus! rappelle toi ce que tu fis éprouver à Adonis...... toutes ces infcriptions, ces offrandes atteftent ta bienfaifance.... Et moi! que je te doive donc auffi mon bonheur! mais j'apperçois des tablettes. Lifons. Chaque objet qui me frappe me donne des efpérances: (*il prend les tablettes & les lit.*) SI L'ON DONNE DES NOUVELLES DE LA FILLE CHÉRIE DE DÉMOPHON, JE PROMETS CENT TALENS, ET C'EST POUR LA RENDRE HEUREUSE QUE JE LA CHERCHE. Ah! fi je trouve celle que je défire, Dieux & Déeffes qui m'entendez! ah!

que je la rendrai bien plus heureuse que cette fille si chérie ne peut jamais l'être. La liberté, ma main, ma fortune, ma tendresse, ma vie...... tout, tout ce qu'elle pourra désirer, avant qu'elle désire même. Oui, tout..... rien d'impossible à mon amour : rien d'impossible à Léonide.

DAVE, *qui s'est approché & qui l'imite.*

Rien d'impossible à mon amour ! Rien d'impossible à Léonide ! deux mots peignent la folie d'un jeune homme, & deux mots peignoient ici tout-à-l'heure la colère d'un Vieillard.

LÉONIDE.

Qui ?

DAVE.

Votre pere.

LÉONIDE.

Que m'importe ?

DAVE.

Comment ? que vous importe ? il veut absolument savoir où vous êtes.

LÉONIDE.

Eh! le fais-je moi-même dans le délire que j'éprouve?

DAVE.

Il a fait des menaces terribles.

LÉONIDE.

Peine inutile!

DAVE.

Il me fera mettre aux fers.

LÉONIDE.

Paroles perdues!

DAVE.

Au cachot, à la torture, il l'a juré.

LÉONIDE.

Que m'importe?

DAVE.

Que vous importe! Ah! malheureux que je suis. (*il se tait.*)

LÉONIDE.

Eh bien! que disoit-il encore?

DAVE, *d'un ton imposant.*

Rien..... mais j'ai parlé à mon tour.

LÉONIDE.

Pour prendre mon parti sans doute ? & tu lui auras reproché sa dureté ; tu lui auras dit....

DAVE.

Qu'il avoit raison.

LÉONIDE.

Comment ?

DAVE.

Oui, que rien n'étoit plus juste que de punir un barbare, qui ne songeant qu'à lui seul, se rit des malheurs, des tourmens, de la mort prochaine d'un Esclave fidèle.

LÉONIDE.

Ah ! je reviens à moi. Dave, mon cher Dave, pardonne ; j'ai tort, je l'avoue ; je te protégerai, je.....

DAVE, *imitant son maître.*

Soin inutile.

LÉONIDE.

Je romprai tes fers.

DAVE. (*Il s'éloigne, se promene, & Leonide le suit.*)

Paroles perdues.

LÉONIDE.

C'est la passion qui m'entraînoit; mais le sentiment, l'humanité m'éclairent. Ma raison est toujours pour toi.

DAVE, *s'arrêtant.*

Votre raison pour moi ! vos passions contre ? Ah ! Seigneur ! ah ! Léonide. J'ai trop à perdre à ce marché-là. Changez mon lot, de grace, ou je vous abandonne.

LÉONIDE.

Eh bien ! je jure de te traiter comme moi-même.

DAVE.

Les Dieux me gardent encore de ce malheur ! Savez-vous en ce moment ce que vous faites, ce que vous dites, ce que vous pensez, ce que vous voulez, ce que vous deviendrez enfin ? votre pere va dans peu d'inſtans revenir ici, & vous ſurprendre. Que cherchez vous près de ces ſtatues ? que leur demandez-vous ?

LÉONIDE, *en ſoupirant.*

Tout ce que j'aime, tout ce que j'adore ; le bien ſans lequel je ne puis vivre ; tiens, tiens. (*Il l'amene près de la ſtatue de Flore.*) Regarde.

DAVE.

Eh bien ! je vois une ſtatue aſſez bien travaillée.....

LÉONIDE.

Et non..... regarde bien. Les mêmes traits, les mêmes graces, la taille, les yeux, le ſourire, tout enfin. Suppoſe tout cela plus parfait encore & vivant, c'eſt elle.

DAVE.

Il eſt abſolument fou, mon pauvre maître. Mais enfin, ſi c'eſt elle, que vous faut-il de plus ?

LÉONIDE, *irrité de nouveau.*

Malheureux ! garde-toi de m'irriter. tu ſais ce que tu riſques.

DAVE.

(*bas.*)

Que trop. Feignons. (*haut.*) Eh bien! Seigneur, calmez-vous. C'est donc à-peu-près là....
(*à part.*) l'orage gronde.

LÉONIDE.

A-peu-près! c'est sa ressemblance autant que l'art peut approcher de la nature. Je veux pénétrer ce mystère : il n'est pas possible que le hasard seul ait produit cet effet. Je veux absolument parler au Statuaire qui a fait cet ouvrage. Il n'a pu imaginer tant de perfections ; il faut qu'il ait vu, qu'il ait connu..... Mais un homme vient vers nous ; dis-moi. Cet homme-là ne te paroîtroit-il pas un Statuaire ? observons un moment, & reçois un ordre que je veux te donner.

(*il parle plus bas.*)

Tu iras.....

SCENE VIII.

ORACRITES, LÉONIDE, DAVE.

ORACRITES *s'approche, en se parlant à lui-même, de la statue de Flore.*

IL l'emportera sur moi..... Ces statues qu'il a faites ne me le disent que trop.

(*Léonide & Dave cessent de parler ensemble, & écoutent attentivement sans se montrer.*)

Aussi il a des modèles admirables; & voilà son bonheur, qui lui tient lieu de mérite. Moi, je n'en puis trouver; mais examinons scrupuleusement cette statue qui lui a attiré tant de louanges, & mettons toute notre attention à lui trouver des défauts; car enfin, il doit y en avoir. Eh bien! ne voilà-t-il pas des beautés que je n'avois point encore remarquées.

LÉONIDE, *qui l'observe sans l'entendre absolument, bas à Dave,*

Il se récrie; il loue. C'est certainement son ouvrage.

ORACRITES.

Ah ! que ne puis-je avoir quelque jeune Efclave parfait ?.... Il feroit encore temps..... l'argent ne m'arrêteroit pas. Si ce Marchand qui m'en a promis un, l'amenoit.....

LÉONIDE.

Un Marchand ! un Efclave ! tu entends.

DAVE.

Eh bien ! quoi ?

LÉONIDE.

Il faut à l'inftant que tu fois un Marchand, & moi ton Efclave.

DAVE.

Nouvel accès ! nouvelle extravagance !

LÉONIDE.

Il n'y a pas un moment à perdre. Il le faut; je le veux.

DAVE.

Ah ! Raifon, raifon. Tu feras pour moi; mais toujours trop tard. Pauvre Dave !..... Seigneur, fongez-vous au châtiment qui me menace ?

D'ATHÈNES.

LÉONIDE.

Si tu réfiftes. Si tu ne me vends pas tout-à-l'heure, ma vengeance fera plus prompte encore.

DAVE.

Comment faire ? Mais écoutez, Léonide. S'il ne s'agit que de belles proportions, Dave ne pourroit-il pas ?....

(Il fe redreffe.)

LÉONIDE.

Et le prix que doit toucher le Marchand ?

DAVE.

Ah ! j'avoue qu'il ne vous conviendroit pas de le recevoir.

LÉONIDE.

Approche donc, approche, & parle-lui.

DAVE.

Seigneur, mon rôle, que vous voulez jouer, a quelquefois des défagrémens qui vous font inconnus. Songez-vous que ces injures, ces menaces, ces geftes favoris que vous vous permettez, vont entrer dans mes droits, &.....

LÉONIDE.

Avance, avance, & parle.

DAVE, *interrompant Oracrites dans ses observations.*

Seigneur.

ORACRITES.

Que voulez-vous ?

DAVE.

N'êtes-vous pas, (s'il vous plaît,) un de ces hommes qui possèdent l'art merveilleux de nous faire, avec le marbre & l'airain, des Dieux qui nous ressemblent ?

ORACRITES, *riant.*

Ah! vous voulez dire que je rends visibles & même palpables les perfections que les Immortels jugent à propos de nous cacher; car ils se montrent si rarement qu'il est bien force que nous prenions modèle sur nous. Mais enfin, à quoi puis-je vous être bon ?

DAVE.

J'ai appris d'un Marchand d'Esclaves de mes confrères, qu'il vous faut un jeune homme. Je

D'ATHÈNES.

vous l'amene. Ce n'eſt pas, je vous en préviens, un modèle abſolument convenable pour ces Dieux mâles, impoſans, tels que je pourrois vous en offrir l'idée ; mais ce jeune homme ſera très-bon pour des Narciſſe, des Adonis......

ORACRITES.

Adonis !.... juſtement. C'eſt ce qu'il me faut. Où eſt-il ?

DAVE, *à ſon Maître.*

Allons, Dave, approche, & préſente-toi de manière à faire honneur aux ſoins que je me ſuis donnés. Ah ! ſi vous ſaviez, Seigneur, combien me coûte l'éducation de cet étourdi !....

ORACRITES.

Sa figure, un peu diſtraite à la vérité, me plaît.

(*Léonide en approchant, paroît toujours fort occupé de la ſtatue de Flore.*)

DAVE.

Vraiment, je le crois. Si j'avois voulu, il auroit déjà été déïfié cent fois pour une ; mais vous ſerez le premier.

ORACRITES.

Quel prix en voulez-vous ?

DAVE.

Cent talens.

ORACRITES.

La fomme eſt exhorbitante.

LÉONIDE, *bas à Dave, vivement.*

Malheureux ! veux-tu bien me donner à meilleur marché.

DAVE, *bas auſſi.*

Je ſais trop ce que vous valez. (*haut.*) Oui, cent talens. J'en devrois demander davantage ; je n'en rabattrai rien. S'il ne vous convient pas, à la bonne-heure, un autre......

ORACRITES.

Il faut céder à la néceſſité, & ne pas manquer l'occaſion. Attendez, de grace, un moment ici. Je vais chercher la fomme & je reviens.

LÉONIDE, *l'arrêtant près de la ſtatue de Flore.*

Seigneur, excuſez. Cette belle ſtatue eſt votre ouvrage ſans doute ?

ORACRITES.

D'ATHÈNES.

ORACRITES.

Et que vous importe ? & que savez-vous si elle est belle ?

LÉONIDE.

C'est, (je le vois,) parce que vous l'avez faite, que vous ne voulez pas qu'on la loue. Mais laissez la modestie, & convenez que le modèle de tant de beauté doit être le chef-d'œuvre des Dieux.

ORACRITES.

Le chef-d'œuvre ! que veut-il dire ? connoissez-vous les proportions, les règles de notre Art ? il faudroit être instruit.....

DAVE, *à son Maître, bas.*

Sur-tout savoir se contenir ; sinon..... (*haut.*) Seigneur Statuaire, je suis pressé. De l'argent, ou j'emmene ce jeune étourdi.

ORACRITES.

Non, non, restez ; j'y cours.

SCENE IX.
LÉONIDE, DAVE.

LÉONIDE.

Pousseras-tu toujours ma patience à bout?

DAVE.

Ferez-vous toujours des étourderies?

LÉONIDE.

Cent talens?

DAVE.

Cent questions ridicules & hors de propos. Être touché de la beauté d'un ouvrage, sans être Artiste! l'admirer, le louer, sans savoir les proportions! oser sentir, étant Esclave.

LÉONIDE.

Risquer par cupidité, de faire manquer un marché d'où peut-être dépend tout le bonheur de ma vie.

DAVE.

Se plaindre qu'on vous prise plus que vous ne vous estimez vous-même? voyez la mauvaise humeur, tandis que s'il m'arrive par hasard de vous mettre à votre juste valeur, vous me menacez, m'injuriez, me chargez de coups. Ingrat!....

(*Léonide quitte encore Dave pour se rapprocher de la statue de Flore.*)

SCENE X.

ORACRITES, LÉONIDE, DAVE.

ORACRITES.

TENEZ. Voilà la somme bien comptée. (*Ne voyant pas Léonide.*) Qu'est devenu l'Esclave ?

DAVE *à son Maître, d'un ton impérieux.*

Dave! étourdi! Dave. Toujours admirant sans connoître. Viens ici. Voilà ton Maître. Sois fidele, sage, si cela est possible. (*à Oracrites.*) Et vous, Seigneur, s'il s'avise de vous faire des questions ridicules, car vous verrez que c'est son principal défaut, vous savez le moyen de le mettre à la raison. Je vous abandonne tous mes droits & même ceux que j'aurois bien souvent voulu exercer sur lui; mais.....

LES STATUAIRES

ORACRITES.

Je compte sur sa docilité.

LÉONIDE, *parle un moment bas à Dave.*

Cherche toujours le Marchand de la jeune Esclave.

DAVE, *bas.*

Il suffit.

ORACRITES.

Que vous dit-il ?

DAVE.

Il me fait ses adieux & cela m'attendrit ; mais en verité, vous devriez bien ajouter quelque chose à la somme..... car c'est pour rien que je vous le donne, & lorsque vous le connoîtrez mieux......

LÉONIDE *à Oracrites.*

Allons, allons, Seigneur. Je vous appartiens ; je brûle d'être chez vous, vos intérêts sont déjà les miens & je ne dois pas vous coûter une obole de plus.

SCENE XI.

DAVE, *seul.*

VOICI toujours cent talens pour les risques de l'aventure. Cherchons, non ce que veut mon Maître, mais ce qui peut m'être encore profitable. Portons avec nous les tablettes ; associons-nous pour partager le prix qu'on promet. L'un sacrifie sa liberté à son amour, l'autre son repos à la gloire. Dave n'a ni repos, ni amour, ni gloire à espérer. A qui donc sacrifier? à l'intérêt, à l'intérêt ; & ce n'est pas mal choisir, car le Dieu des richesses est le Dieu de tous les autres.

Fin du premier Acte.

PROLOGUE
DU SECOND ACTE.

L'AMOUR *reparoît.*

Ah! l'impertinent! ah! l'impie! ah! coquin de Dave. Ne vous l'ai-je pas dit, Athéniens? jusqu'à vos Esclaves s'avisent aujourd'hui de se moquer de leurs Maîtres & des Dieux. Quelle dépravation & que nous sommes à plaindre! car enfin, les hommes sont-ils grossiers? ils nous croyent des Géans & meurent d'effroi. Civilisés & heureux, ils finissent par rire à nos dépens & nous regardent comme des Nains. Voilà pourquoi je conserve ma figure enfantine. Si je fais de grands miracles, on s'extasie, en me voyant si petit; & si je fais de petites choses, elles sont de mon âge. Je suis petit, grand, foible, fort, je sers,

PROLOGUE.

je maîtrise. Il est arrivé, je m'en souviens, (Athéniens, vous aimez les histoires), il est arrivé à Jupiter, qui s'en avisa le premier, de faire pleuvoir de l'or sur le voile d'une charmante fille. Elle s'amusa de ce petit prodige. Plus d'une s'en amuseroit encore. Jupiter y trouva son compte, & de-là on dira, comme ce coquin de Dave, que Plutus dispose à son gré de l'Amour. Eh bien ! choisissez tout-à-l'heure entre vous un riche bien avare : vous en trouverez ici quelqu'un, j'en suis sûr ; &, sans sortir de ce lieu, je trouverai moyen de le rendre tout-à-coup prodigue, dissipant tout son or à ma volonté. Ne croyez donc rien de toutes les impertinences qu'on vous dira de moi. Quant aux autres Dieux, mes confreres, suivez votre conscience ; c'est votre affaire & la leur. Mais pour toi, Dave, je te punirai, coquin, avant qu'il soit peu, tout, au moins, par la peur; car je ne suis pas méchant aujourd'hui.. Mais chut..... cachons-nous. Voici l'un de mes Statuaires avec le Marchand qui a vendu..... J'allois trop parler. C'est mon foible. Je veux m'en corriger. Je ne dois pas vous en apprendre davantage, & je ne vous ai entretenu que pour vous empêcher de médire de moi, comme on fait toujours d'un Auteur dans les entr'actes. Vous me reverrez par conséquent encore, & je n'aurai plus rien de caché pour vous.

ACTE II.

SCENE PREMIERE.

ALCAMÈNE, UN MARCHAND D'ESCLAVES.

ALCAMÈNE.

LAISSEZ-MOI. Cessez vos questions. J'ai bien d'autres choses à faire que d'y répondre.

LE MARCHAND.

Un mot, de grace, un mot. C'est à vous, j'en suis sûr, &, je vous le répète, que j'ai vendu une certaine jeune Esclave......

ALCAMÈNE.

Je ne vous connois, & ne veux vous connoître. C'est un autre que moi qui a acheté de vous l'Esclave que vous dites..... & comment, s'il vous plait, est-elle faite, cette jeune fille ?

LE MARCHAND.

Une taille fine & élégante, les cheveux bruns, accompagnant admirablement son visage ; les yeux bleus, les sourcils plus foncés ; la peau d'une blancheur qui éblouit ; une bouche, charmante, même quand elle obéit au courroux, & vous l'avez payé très-libéralement.

(*Le Vieillard à chaque trait de la description paroît plus intéressé.*)

ALCAMÈNE.

Eh bien ! eh bien ! Si je vous ai payé, vous n'avez rien à me demander, & si je vous ai trop payé, il faut me rendre une partie de ce que vous avez reçu.

LE MARCHAND.

Fort bien ; mais que je la voye pour être sûr que je ne me trompe pas.

ALCAMÈNE.

Je n'ai qu'une Esclave vieille & laide.

LE MARCHAND, *à part.*

Il me fera perdre ma part de cent talens promis dans les tablettes que Dave vient de me faire lire.

(*haut à Alcamène.*)

De grace, Seigneur, il m'importe infiniment d'être éclairci.

ALCAMÈNE.

Oui, oui. Pour l'enlever, & la vendre encore plus cher à quelque fils de famille.

LE MARCHAND.

Vous oubliez donc qu'elle eſt vieille & laide; au moins dites-moi ſon nom.

ALCAMÈNE.

Ah ! vous ne vous en ſouvenez pas. Tant mieux.

LE MARCHAND.

Il me reviendra, attendez. N'eſt-ce pas....

ALCAMÈNE.

Non. Ce n'eſt pas celle que tu veux nommer.

LE MARCHAND, *à part*.

Ah ! maudit Vieillard. Ta précipitation te trahit.

ALCAMÈNE.

Ah? maudit Marchand. Tu as trop d'envie de la voir, pour que je te la montre. (*haut.*) Enfin qu'elle ſoit jeune ou vieille, belle ou laide; qu'elle ait un nom, où qu'elle n'en ait point, je l'ai payé ; elle est à moi, & je te conseille de t'éloigner d'ici, sinon.....

LE MARCHAND.

Je ne veux pas m'en aller : nous sommes dans un Temple ; j'ai autant de droits d'y rester que vous, &.....

ALCAMÈNE.

Eh bien ! restes-y donc. Je te cède la place ; mais je t'avertis que tu n'y gagneras rien.

SCENE II.

LE MARCHAND, *seul*.

(*Alcamène s'éloigne, & fait le tour de l'autel en se cachant au Marchand d'Esclaves, & l'observant toujours.*)

Ce Vieillard cherche à me tromper & à m'éloigner d'ici. Il parle & il agit comme un usurier qui craint pour son trésor. La jalousie ressemble à l'avarice, & c'est aussi bien fait de tromper un jaloux qu'un avare. Bien perdu, bien inutile pour tous deux. Tous deux ennemis de la société.... Le voilà qui revient,.... Il m'observe,

& regarde sur-tout de ce côté..... Ah! c'est là qu'est le tréfor. Tournons de l'autre côté pour le mettre en défaut.

SCENE III.

ALCAMÈNE, *seul.*

(*Le Marchand s'est éloigné.*)

Qu'ILS font fripons ces Marchands d'Efclaves ! Mais quel fi grand intérêt à donc celui-ci à chercher Doride ?.... Nouvelle inquiétude ajoutée à toutes celles que j'ai déjà. Ah ! l'amour me fera perdre & la raifon & la gloire, & enfin la vie. Ah! Doride ! chere & trop cruelle Doride, dont je ne puis me faire aimer ! Tu pleures ta liberté ? N'eft-ce pas moi qui fuis ton Efclave ? Je ne puis la confoler. Rien ne me confole moi-même ; mais fi je la perdois, je ferois cent fois plus malheureux encore..... Cependant qu'efpérer de mes foins toujours rebutés, des chagrins qui me dévorent, de mes travaux troublés fans ceffe par les tourmens & les inquiétudes ? Dans les premiers momens où Doride a été en mon pouvoir, que mes travaux me plaifoient ! O Dieux ! elle en étoit l'objet &

l'ame. L'idée d'immortaliser ce qu'on aime ! Quel charme pour les Arts & pour l'Amour ! Ce fut alors que je fis cette statue de Flore, l'admiration d'Athènes. L'amour-propre de Doride, disons plutôt son orgueil, fut flatté. Elle consentit, quoiqu'avec dédain, à prêter ses traits à une Déesse. Je fus trompé par ce sentiment, qui si souvent est pris pour l'Amour même. Aujourd'hui, elle dédaigne d'être Vénus. L'ennui, le chagrin ternissent sa beauté. Elle se refuse à me prêter secours, & quand je veux travailler d'après l'idée que j'en conserve, timide, incertain, tourmenté, par ma passion, par la double jalousie de ma tendresse & de ma gloire, je défigure ce que j'imite. Je ne vois plus que défauts dans mon ouvrage, & malheurs dans ma destinée. Pour comble d'infortune, ce Marchand..... ah ! j'aurois dû le questionner davantage ; cela m'auroit peut-être tranquillisé. Je ne le crois pas éloigné. Sortons pour le rejoindre.

SCENE IV.

LE MARCHAND, *qui s'est rapproché.*

Bon; ce que je viens d'entendre confirme mes conjectures. Laissons-le quelque temps me chercher..... On vient..... ne nous montrons pas; mais rôdons autour de sa demeure. Je viens d'apprendre qu'elle est de ce côté. Si je pouvois y pénétrer !....

(*Il sort de la Scène.*)

SCENE V.

ORACRITES, *qui regarde s'il n'y a personne dans le Temple*, & LÉONIDE *qu'il fait sortir de son attelier, habillé de maniere à paroître la statue d'Adonis.*

ORACRITES.

Approche. Viens ici, Dave. Si tu exécutes bien ce que j'attens de toi; je te promets la liberté, & de plus, la vue de ce qui intéresse si vivement ta curiosité. Je ferai passer sous tes yeux tous mes modèles.

LÉONIDE.

Quoi ! je verrai (vous le promettez) le modèle de cette statue de Flore..... C'est celle-là au moins..... (*plus bas.*) O Dieux ! qu'elle m'intéresse & qu'elle est belle !

ORACRITES, *de mauvaise humeur.*

Il semble que ce soit exprès pour me tourmenter qu'il ne regarde que cette figure, qu'il n'admire que les ouvrages de mon rival..... Allons ; monte sur ce socle. Que je te place.

(*Il veut placer Léonide de manière qu'il ne puisse voir la statue.*)

LÉONIDE, *se place différemment.*

Ah ! plutôt de ce côté, de grace, pour qu'au moins je la puisse voir.

ORACRITES.

Eh ! ce n'est pas précisément ce que je voulois ; mais je ne veux pas que tu sois mécontent. Songe bien aussi de ton côté à me satisfaire.

LÉONIDE,

D'ATHÈNES.

LÉONIDE, *content.*

Comptez fur ma docilité..... N'eſt-ce pas ainſi que vous voulez que je ſois ?

ORACRITES.

Pas mal. Demeure un moment. Je vais me placer aux endroits d'où l'on doit te voir.

(*Il s'éloigne, & va regarder de différens points de vue en deçà de la baluſtrade qui ſépare le ſanctuaire.*)

Me voilà à la diſtance que perſonne n'oſe franchir. Eh ! oui..... l'on s'y trompera. Le Temple n'eſt pas trop éclairé..... Ce jour myſtérieux eſt auſſi favorable à mon artifice qu'il l'eſt quelquefois aux oracles de nos Prêtres. Les Anciens, qui ont droit d'être les premiers, feront ici ; mais ils ont la vue foible. Le Peuple ſera plus loin, échauffé par les jeux, par les ſpectacles ; par-là, diſpoſé aux erreurs de l'imagination. L'illuſion s'établira, & dès-lors, il ſeroit plus difficile de la détruire, qu'il ne l'eſt de la faire naître..... Pour Alcamène, c'eſt autre choſe. Les yeux d'un rival ! l'aigle les a moins perçans ; mais je demanderai, & j'obtiendrai que nous nous tenions éloignés tous deux. Nous ne devons favoriſer, ni nuire. Ah ! ſi mon ſtrata-

K

gême réuſſit, ſi je l'emporte, quel bonheur d'humilier à la fois un rival, & de faire donner dans le piége ces Athéniens ſi fins connoiſſeurs, ſi bons juges! Alcamène emploie la brigue; moi la ruſe. Le combat eſt égal. (*à Léonide.*) Dave, reſte dans cette attitude. Exerce-toi au perſonnage que tu vas faire, à demeurer ſur-tout bien immobile. Voici le moment où perſonne encore ne viendra dans le Temple. Tout le monde eſt au Cirque; mais cependant ſois ſurveillant, & au moindre bruit, ſonge que tu es ſtatue.

LÉONIDE.

Et vous, n'oubliez pas Flore.

ORACRITES, *de mauvaiſe humeur.*

Ah! je ſuis bien loin de l'oublier.

SCENE VI.
LÉONIDE, *seul.*

L'ENVIE tourne la tête à ce Statuaire, & l'Amour me fait perdre la raison. Quel mortel n'est pas tourmenté ! & s'il en est un seul qui soit sage, qu'il vienne jouir de l'extravagant personnage que me fait jouer ici la plus tyrannique des passions..... Moi ! statue ! moi, dont le cœur & les sens sont tout de flamme. Dave ! ô Dave ! toi, qui m'as vu me vendre comme un vil esclave, tu me trouveras à ton retour, transformé en marbre. Quel avantage tu vas prendre sur ton maître ! Mais qu'importe, pourvu qu'il ait enfin découvert le Marchand qui m'a rendu en un instant si heureux & si malheureux ? J'entends du bruit. Une porte s'ouvre avec effort.... Soyons statue.

SCENE VII.

LÉONIDE *sur le socle.* DORIDE *force la porte de l'attelier d'Alcamène, qui communique au Temple. Elle s'avance précipitamment vers l'autel, & se prosterne assez près de Léonide qui ne peut cependant voir ses traits à cause d'un voile qui les couvre.*

DORIDE.

O DIVINITÉS de ce Temple! j'ai recours à vous. Je suis malheureuse, & n'ai point mérité mes malheurs.

(En élevant la tête, son voile se découvre, Léonide l'apperçoit, la reconnoît, & se précipite à ses pieds pour la relever.

LÉONIDE.

C'est elle ô Dieux! c'est elle.

DORIDE, *effrayée.*

Ciel! une statue animée!

LÉONIDE.

Vous, malheureuse! non, non, vous ne le serez plus. Esclave charmante, rassurez-vous. Rassurez-vous de grace. De grace, écoutez-moi : je ne suis pas un Dieu ; ah ! si je l'étois, vous seriez immortelle. Je ne suis pas un marbre. Je respire, je sens, j'aime, je brûle, & tout cela uniquement pour vous..... Oui, c'est pour vous ; ne craignez rien: Je suis un Citoyen d'Athènes. J'ai de la vertu, des sentimens généreux..... Il est vrai que tout s'est transformé en moi, & que je ne suis plus qu'amour. Il y a quelque temps, je vous apperçus chez un Marchand. Voir, admirer, desirer, brûler ; ce ne fut qu'un instant, ce ne fut qu'un sentiment, qu'un vœu pour vous. Je n'avois pas ce qu'exigeoit le tyran qui osoit se dire votre maître. Je courus chercher tout ce que je possédois, non pour vous acheter, non ; mais pour vous rendre libre, & me donner à vous. Je vole, je reviens ; plus de Marchand : il avoit disparu. Depuis ce funeste moment, je vous cherche, je brûle, je péris ; & les Dieux, oui, les Dieux sensibles à mes tourmens vous rendent à mes desirs.

DORIDE.

Excusez ma surprise & mon trouble, Seigneur. Je ne sais ce que je dois penser, ce que je dois faire....

LÉONIDE.

M'écouter, me croire, ne pas sur-tout refuser

un secours nécessaire, puisque vous êtes malheureuse. Il est digne de vous être offert : je le jure sur cet autel de la Déesse dont vous êtes l'image. Vous n'avez rien à craindre ; je romprai votre esclavage.

DORIDE.

Mon esclavage ! Ah ! Seigneur, je ne suis pas née dans cet état. Votre amour..... l'offre que vous me faites..... Ah ! pardonnez ; ce n'est point orgueil. Non ; mais vous ne me connoissez pas, & je.....

LÉONIDE.

Je ne vous connois pas ! Un regard avoit gravé dans mon cœur votre image, qui ne s'effacera jamais. Un mot y ajoute l'idée de toutes les vertus. Noblesse de sentimens, délicatesse, tout ; oui, vous possedez tout. Jugez si je vous connois bien..... Et vous seriez malheureuse !

DORIDE.

Eh bien ! Seigneur, vous vous intéressez à l'infortune, (& comment ne le pas croire en vous écoutant ;) aidez-moi de vos conseils. Un Vieillard qui fait des statues pour ce Temple, m'a achetée, quoique née libre ; il me tourmente d'un amour que je déteste. Vous m'offrez de me fouftraire à cette tyrannie ; mais ce fervice fembleroit vous donner des droits, &.....

LÉONIDE.

Des droits !.... Ah ! rejettez cette idée. Des droits ! ô Dieux ! qui doit en avoir, fi ce n'eft la vertu, le malheur, la beauté ?.... Et comment fe nomme ce Statuaire ?

DORIDE.

Il fe nomme Alcamène.

LÉONIDE, *avec embarras.*

Il vous aime, cet Alcamène, il eft jaloux. Ah ! de grace..... & qu'elle raifon peut-il en avoir ?

DORIDE.

Aucune affurément. Enlevée des bras de Cléanthis, ma furveillante, par des brigands, vendue par mes raviffeurs, Alcamène m'a achetée pour imiter mes traits, & c'eft d'après eux qu'il a exécuté ceux de cette ftatue.

(*elle montre la ftatue qu'a fixé déjà fi fouvent Léonide.*)

LÉONIDE.

De Flore ! ah ! juftement. Ah ! mon cœur ne

m'avoit pas trompé. Quels hommages elle vous doit cette Déesse! combien, combien d'offrandes vous aurez reçues sous nom! En est-il ici quelqu'autre encore?

DORIDE.

Il travaille en ce moment à imiter..... (*elle hésite.*)

LÉONIDE.

Sans doute Hebé, Psyché, l'Aurore?

DORIDE.

Non, Seigneur, il s'efforce de représenter Vénus; mais il a trop mal choisi son modèle, & je me refuse à ses empressemens.

LÉONIDE.

Eh! pourquoi? jamais, jamais Vénus n'auroit eu plus d'adorateurs. Eh bien! c'est cette Flore, apprenez-le, c'est cette divine ressemblance, qui m'a déterminé à sacrifier ma liberté, comme vous avez perdu la vôtre, à me vendre à un autre Statuaire, à Oracrites que j'ai cru & qui m'a laissé penser avoir fait cette Flore divine. Il m'avoit promis de m'en faire voir le modèle. J'espérois vous retrouver, que pouvois-je lui refuser? il auroit eu ma vie. Il travaille pour disputer un prix à votre Alcamène. Dans la crainte de ne pas l'emporter par ses talens, il m'a contraint à le seconder dans un artifice qu'il a imaginé, & dont je rougis d'être complice. Voilà pourquoi vous me voyez dans ce travestissement..... Mais quel bruit ?....

DORIDE.

Ah ! nous sommes perdus, Seigneur, c'est Alcamène qui me cherche. C'est mon tyran.

SCENE VIII.

ALCAMÈNE, LÉONIDE *qui se rejette sur le socle*, DORIDE *s'avance vers l'estrade au devant d'Alcamène, pour qu'il n'avance pas.*

ALCAMÈNE, *sortant de son attelier.*

Quoi ! Doride, vous, dans le Temple ! hors de ma demeure ! voulez-vous fuir ? l'esperez-vous ?

DORIDE, *à part.*

Que dirai-je ? Feignons.

ALCAMÈNE.

Cruelle ! que dois-je croire ? meritez-vous,

outre les peines dues aux ingrats, les châtimens prononcés contre les Esclaves fugitifs ?

DORIDE.

Quel mal y a-t-il donc à me trouver dans ce Temple ? La curiosité est-elle un crime ? Je regardois de cet endroit l'ouvrage d'Oracrites votre rival.

ALCAMÈNE.

De mon rival. Comment ? est-il déjà placé ?

DORIDE.

Il l'est..... Comment vous paroît-il ?

ALCAMÈNE.

Oh ! Dieux ! Oracrites s'est surpassé. Que je suis malheureux ! ma statue ne fera rien auprès de la sienne. Ah ! Doride, ah ! Doride. Amour cruel, qui trouble mes sens & ma raison. Trop heureux rival ! qui, sans doute, jouis de toute la tienne...... Mais je suis si troublé que je ne m'en fie pas à mes yeux égarés. Que pensez-vous vous-même de cet ouvrage ?

DORIDE.

Surprise par un Art, dont je ne connoissois

pas les mystères, j'avoue que j'éprouvois un intérêt que je n'ai jamais senti.

ALCAMÈNE, *avec dépit.*

Comme il a saisi le caractère doux, noble!....

DORIDE, *en hésitant.*

Oui, véritablement doux & noble.

ALCAMÈNE.

Cette nuance délicate qui rassemble les perfections d'un mortel & d'un Dieu; tel enfin que l'amour de Vénus le suppose.

DORIDE.

De Vénus, dites-vous ? (*Elle soupire.*) Elle fut donc sensible ? Mais les graces d'Adonis suffisoient-elles pour excuser sa foiblesse ? Ne dit-on pas que l'âge, le caractère de Vulcain, sa jalousie.....

ALCAMÈNE.

Ah ! je vous entends, Doride. La jeunesse seule auroit des droits sur votre ame légère. L'amour le plus profond, les qualités les plus respectables, le dévouement le plus absolu..... Tout cela ne seroit rien pour vous.

DORIDE.

Vous vous trompez, Alcamène.

ALCAMÈNE.

Et quelle est donc la cause de vos rigueurs ? Ne vous ai-je pas offert ma fortune ? promis la liberté ?

DORIDE.

Je vous l'ai dit cent fois. La fortune n'est rien pour moi : la liberté m'appartient. Je la réclame, & votre caractère, votre âge, votre jalousie.....

ALCAMÈNE.

Ah ! n'achevez pas. Je ne le sais, je ne le vois que trop. La jeunesse & ses avantages trompeurs & passagers sont seuls capables de vous toucher.

DORIDE.

Eh bien ! vous m'y forcez. Je l'avoue; si la vertu se trouvoit unie à des avantages semblables & inférieurs même à ceux qui occasionnent les nouveaux reproches que vous me faites, une telle union, & si peu commune, pourroit obtenir des droits sur mon cœur, qui jusqu'à présent ne voyoit de bonheur véritable que dans sa liberté.

D'ATHÈNES.

ALCAMÈNE.

Non, non; je vous entends mieux, Doride. Ce cœur n'est point libre. Je vous devine : vous aimez, & sans doute, lorsque vous êtes tombée en mon pouvoir, déjà quelque jeune insensé, se parant à vos yeux d'une fausse vertu, avoit séduit ce cœur que vous me refusez. Malheureux éclaircissement ! maudite statue ! que ne puis-je te briser ! Oui, oui; je veux à la fois, quelque malheur qui puisse m'arriver, prévenir ma honte & satisfaire ma vengeance.

DORIDE. (*Elle l'arrête.*)

Arrêtez, Seigneur, reprenez vos sens. Arrêtez. Songez aux suites d'une action impie & criminelle. Non, pour votre intérêt, pour cette gloire à laquelle vous avez des droits, arrêtez; refléchissez, je vous en conjure. Je ne souffrirai pas.....

ALCAMÈNE.

Ma gloire, dites-vous ! cruelle ; ma gloire ! ne va-t-elle pas être flétrie, & si vous y aviez pris une partie de l'intérêt que vous paroissez y prendre trop tard.....

DORIDE.

Non; il n'est pas trop tard. Il me vient une

pensée qui peut-être la mettroit à l'abri d'un désavantage que vous ne méritez pas, & vous donneroit au moins le temps de la défendre.

ALCAMÈNE.

Quel moyen ? quel projet ? que d'ascendant vous avez sur moi ? Parlez ; je vous écoute encore.

DORIDE.

Tournez donc sur moi les yeux un moment. Cette image d'Adonis vous a semblé avoir les perfections que votre Art s'efforce de rendre. N'est-il pas vrai ? calmez-vous, & répondez-moi.

ALCAMÈNE.

Que trop, sans doute.

DORIDE, *hésitant & embarrassée.*

J'hésite..... mais je veux vous servir. Doride vous sembleroit-elle avoir aussi une partie au moins de ce que vous souhaitez faire passer dans votre ouvrage ? regardez-moi, de grace, & détournez vos yeux courroucés de l'objet qui vous trouble & vous irrite.

ALCAMÈNE.

Eh ! n'ai-je pas répété cent fois & comme

Amant & comme Artiste, que rien ne fut jamais aussi parfait que vous ?

DORIDE.

Jugez-moi févèrement. Votre intérêt, votre gloire le demandent.

ALCAMENE.

Vous exigez, cruelle, que j'accroisse mon supplice. Eh bien! n'avez-vous pas tout ce qui peut donner la plus sublime idée de l'Art, faire le bonheur des Dieux même, & le malheur des hommes ?

DORIDE.

Il suffit. Suivez-moi. Retournons dans votre attelier, & ne renoncez pas à des succès auxquels vos talens vous donnent droit de prétendre. Venez, de grace; ne perdez pas un instant.

SCENE IX.

LÉONIDE, *seul.*

QUE va-t-elle entreprendre ? quelle nouvelle inquiétude, mêlée de jalousie ! quel tourment pour moi ! rentrons un moment chez Oracrites. Je reviendrai lorsqu'il sera temps, & peut-être Dave aura quelque chose à m'apprendre. Alors il n'est rien que je n'entreprenne enfin pour rendre à la vertu, à la beauté, ses droits, & pour obtenir le prix de mon amour.

Fin du second Acte.

PROLOGUE
DU TROISIEME ACTE.

L'AMOUR *reparoît.*

(*Il achève d'arranger une couronne de fleurs.*)

ENCORE, encore l'Amour, allez-vous dire, Athéniens ! vous direz bientôt : Hélas ! hélas ! plus d'Amour. Vous me chercherez & ne me trouverez plus. Vous riez, enfans que vous êtes, & dans une circonstance aussi sérieuse, au lieu de songer à ce que je dis, vous n'êtes occupés que de ce que je fais. Eh bien ! regardez : c'est une couronne que j'arrange : c'est pour un triomphe, & puisqu'il faut tout vous dire, c'est pour le mien, oui. Les Dieux me rappellent : ils n'ont pu se passer de moi. Ils meurent de tristesse & d'ennui. Ils implorent ma clémence, & j'ai la bonté de me rendre à leur prière. Ainsi, je vous quitte..... Ah ! ah ! je vois

PROLOGUE.

cependant à ces mots de jolis fronts qui deviennent soucieux, des yeux moins animés..... consolez-vous. Je vous laisse à ma place un nombre infini de petits freres qui sont nés parmi vous & qui se croyent tous en droit de prendre mon nom & d'exercer mon emploi. Amour d'intérêt, de convenance, d'occasion, de fantaisie, de désœuvrement. Logez-les dans votre tête, dans votre imagination ; pour vos cœurs, je crains qu'ils ne les laissent bien vuides. Ce n'est pas là leur gîte. Gardez-les moi, si je reviens. Quant aux deux Amans que je vous ai fait connoître ici, point d'impatience. Dans un instant, ils seront heureux..... ou malheureux cependant ; car je ne veux pas finir avec vous par une indiscrétion. Adieu, adieu. Conservez au moins mon souvenir ; quant à moi, j'ai de bonnes raisons pour conserver le vôtre.

ACTE III.

SCENE PREMIERE.
ORACRITES, LÉONIDE.

LÉONIDE.

L'ARTIFICE a réussi plus que vous ne pensez. Les yeux de votre rival ont été trompés. Jugez si les Athéniens le seront. Alcamène a marqué une surprise extrême, & une jalousie qui sembleroit vous donner l'avantage.

ORACRITES.

Sans doute, il n'a pas franchi cette balustrade; il ne s'est pas approché.....

LÉONIDE.

Non. Agité rapidement par plusieurs passions, il les a fait connoître; mais toujours d'assez loin pour rester dans l'illusion que je lui ai faite.

ORACRITES.

Et tu dis que sa surprise a été.....

LÉONIDE.

Extrême.

ORACRITES.

Sa jalousie ?

LÉONIDE.

A un degré plus grand que vous ne pouvez le penser.

ORACRITES.

Quel plaisir !

LÉONIDE.

Mais j'ai à me plaindre amèrement de vous.

ORACRITES.

Pourquoi ?

LÉONIDE.

Vous m'avez laissé croire que cette statue de Flore étoit votre ouvrage, & je sais qu'elle ne l'est pas.

ORACRITES.

Comment sais-tu cela ?

LÉONIDE.

Je le sais. Le modèle de tant de perfections vous est inconnu. Vous ne pouvez me tenir votre promesse.

ORACRITES.

Oh! n'est-ce que cela? Vas; n'aie point de regrets, & sois persuadé que ce modèle de perfections que tu te figures a, comme tous ceux à qui l'on prodigue ce nom, mille défauts.

LÉONIDE.

Non, elle n'en a aucun, & la beauté de cette image est au-dessous.....

ORACRITES.

Ne crois pas cela. Enfant que tu es! ignores-tu donc que le merveilleux de nos talens est de savoir ôter à chaque objet ce qui le défigure, & lui donner ce qui lui manque? Les Déesses même n'ont pas tout en partage, & tu crois qu'il est des Mortelles sans défaut! Mais ne perdons pas de vue ce qui nous intéresse le plus.

LÉONIDE.

Ah! j'en suis, je puis vous l'assurer, plus occupé que vous-même.

ORACRITES.

Tant mieux: soutiens ton personnage. Je vais me rendre près des deux Vieillards qui président à cette fête. Je veux les accompagner & commencer à établir l'illusion. Je me méfie toujours de la légèreté de ces Athéniens. Ce Comédien qui faisoit crier sous son manteau un animal qu'il feignoit d'imiter, m'effraye : il n'eut pas le prix. Il faut, s'il se peut, veiller à la fois aux interêts de ma gloire & de ton amour-propre.

SCENE II.

LÉONIDE, *seul.*

Mon amour-propre ! sa gloire !.... cet homme fonde tout cela sur la fausseté, sur la supercherie, & je vais partager les reproches qu'il mérite ! O trop foible Léonide ! depuis que j'ai vu Doride, admiré ses vertus ; j'ai honte de la moindre tache qui pourroit ternir les miennes. Il me semble que j'ai reçu un nouvel être, une existence plus noble & plus pure. Oui, le moyen le plus puissant d'exalter les perfections, c'est l'amour pour un objet qui en possède. S'efforcer de se rendre digne de lui, l'avoir pour témoin dans son cœur, pour juge, pour arbitre de tout ce qu'on pense, de tout ce qu'on ressent ! Quel encouragement ! & quel plus noble orgueil enfin, que celui de vouloir être parfait aux yeux de ce qu'on aime ? O ma Divinité ! puisque les vertus ont droit fur votre ame, je mériterai de l'intéreffer, de la toucher, de vous plaire...... Mais que vois-je? Alcamène, Doride! & pourquoi dans un traveftiffement femblable au mien? A-t-elle trahi mon fecret? elle! qu'elle inquiétude! qu'elle jaloufie m'agite? Contenons-nous, s'il eft poffible.

SCENE III.

LÉONIDE, *replacé fur le focle & immobile.*
ALCAMÈNE, DORIDE *traveftie de manière à tenir lieu de la ftatue de Vénus.*

ALCAMÈNE.

LORSQUE vous faites tout pour ma gloire, ô Doride, ne ferez-vous rien pour mon amour? Sous ce déguifement, vous le difputez à Vénus? Plus belle que jamais, vous l'emportez fur la Déeffe. Ah! j'aurai le prix, j'aurai le prix? Mais qu'eft-ce que cet avantage près de celui que je defire? Élevez-vous à votre place: foyez Déeffe; & fur ce trône, ne refufez pas cruellement mon encens & mes vœux.

(*Alcamène fait monter Doride fur le focle qui eft de l'autre côté de l'autel.*)

DORIDE.

Inftruifez-moi de l'attitude que je dois prendre.

ALCAMÈNE.

Eh ! l'Art a-t-il le droit de difpofer des graces ?

DORIDE.

Mais enfin, comment puis-je deviner la pofition la plus favorable aux illufions de votre Art ? Que penfez-vous de celle où je fuis ?

(*Elle fe place de différentes manières.*)

Celle-ci peut-être feroit plus naturelle.

(*Alors elle s'eft affife de manière à former regard avec Léonide.*)

ALCAMÈNE.

Ah ! de toutes celles que vous effayez, il n'en eft point qui n'eût affuré le triomphe de Vénus, & qui ne dût enchanter Adonis..... Celle-ci eft charmante..... Ah ! ce mouvement y ajoute encore..... n'en cherchez point d'autres, je vous en conjure..... Que d'agrémens dans cette expreffion !

DORIDE, *ayant jetté quelques regards fur Léonide.*

Dites plutôt que d'agitation & de trouble !

qui me donnera donc la force de les réprimer ?.....

ALCAMÈNE.

Non, non ; gardez-vous bien de les contraindre, Doride. Cet embarras ajoute à vos perfections. L'expression en est vraiment divine. Mon triomphe est certain. Le marbre même semble éprouver votre pouvoir, & je croirois, tant je suis troublé moi-même par cette puissance qu'ont sur moi vos charmes ! que l'ouvrage de mon rival, depuis que vous êtes en ces lieux, doit s'animer par un seul de vos regards. Mais, non ; Adonis ne seroit jamais lui-même auprès de vous qu'un être inférieur qui terniroit votre gloire, si vous l'honoriez d'un sentiment digne des Dieux suprêmes..... Vos yeux, Doride, deviennent trop vagues, je vous en avertis. Quand je devrois devenir jaloux de ce marbre, fixez sur lui vos regards, & permettez-leur cet intérêt que je voudrois vous inspirer. Enfin, servez un instant ma gloire, quand vous devriez blesser ma délicatesse.

DORIDE, *regardant Léonide.*

Vous m'en faites la loi, Alcamène. Eh bien ! il faut donc vous obéir.

ALCAMÈNE.

Oui, fixez tendrement même, j'y confens, cet objet qui bleffe déjà mon amour-propre, & que je vais en ce moment détefter davantage.

DORIDE.

Détefter ! ah ! que tous les fentimens qui vous agitent me fembleroient douloureux & pénibles ! Mon cœur, je l'avoue, ne connoît pas la haine; mais j'éprouve une crainte & un embarras que je ne puis vous exprimer. Hélas ! en repréfentant une Divinité, j'ai toute la foibleffe d'une mortelle.

ALCAMÈNE.

Ah ! la Déeffe & Doride n'ont, hélas ! que trop de reffemblance.

DORIDE.

Quel fentiment doit donc fe peindre dans mes traits ? car à peine puis-je démêler les idées dont vous me forcez à m'occuper, & qui m'étoient étrangères avant les circonftances où je me trouve.

ALCAMÈNE.

Eh ! ce n'eft pas le malheureux Alcamène qui vous caufe ce trouble. Je vous l'ai déjà dit,

Doride, un penchant secret ou votre aversion pour moi, la haine enfin que vous me portez, voilà les véritables causes des troubles de votre cœur.

DORIDE.

Eh bien ! je suis sincère ; oui, je l'avoue : trop imposant, trop exigeant, l'expression que j'emprunterois de vous doit tenir de la crainte plus que de tout autre sentiment.

ALCAMÈNE.

Dites, dites, du plus léger intérêt même..... cruelle !.....

DORIDE.

Ah ! votre ton, vos regards me glacent.

ALCAMÈNE.

Ingrate ! barbare !

DORIDE.

De grace, pour votre intérêt, Alcamène, cessez des reproches inutiles ; en versant un froid mortel dans mon ame, vous nuisez à vos projets.

ALCAMÈNE.

Eh ! puis-je résister à mes peines ! puis-je vous

voir & vous entendre, sans ressentir toujours plus vivement mes malheurs ?

DORIDE.

Eh bien ! éloignez-vous donc quelques momens. Laissez-moi reprendre des impressions plus douces. Je sens qu'il m'est nécessaire d'épancher mon ame, en présence des habitans de ce Temple. La solitude où vous me laisserez, me donnera peut-être la force dont j'ai besoin pour achever une entreprise dont la hardiesse m'étonne, & dont l'événement a droit de m'effrayer.

ALCAMÈNE.

Il le faut, vous le voulez. Il le faut, & pour vous & peut-être pour moi-même. Je vous quitte un instant, Doride, je vais sous le portique ; n'espérez pas fuir. Je ne vous perdrai pas de vue. Mais, hélas ! que gagnerois-je à m'éloigner, si je porte par-tout le trait qui me déchire ?

SCENE IV.

DORIDE, LÉONIDE.

LÉONIDE.

(*Il quitte son attitude, & s'avance plus près de Doride.*)

AH! Doride, daignez, daignez, s'il est possible, rendre aussi le calme à mon ame agitée. Daignez éclaircir le trouble que vous excitez dans mon cœur. Quel est votre dessein, en employant une ruse semblable à celle dont je vous avois découvert le mystère & l'objet ? Aspirez-vous à remporter un avantage que personne ne peut vous disputer? & quel avantage ? oserai-je le dire ? le moindre de tous ceux que vous possédez. Ce n'est pas, vous le savez, l'orgueil d'être admiré qui m'a forcé de me travestir ainsi. Quel mérite seroit-ce pour un mortel qui ose aspirer à votre estime, que d'être né avec moins d'imperfections que quelques-uns de ses semblables ? ce seroit des vertus, de la tendresse, de la constance que j'ambitionnerois, que j'aurois la hardiesse de vous disputer le prix. Que le peuple, alors, que les Dieux même soient nos arbitres ! si je ne l'emportois pas, heureux encore, je jouirois de votre triomphe; il feroit mon bonheur & ma gloire.

DORIDE.

Modérez-vous, Citoyen vertueux; ne me condamnez pas sans m'entendre. C'est pour vous confier mes motifs & mes projets, que j'ai desiré de me trouver encore avec vous sans témoins, vous m'offenseriez, si vous osiez penser que la vanité de paroître belle fût l'objet qui me conduit ici. Quelques appas, si j'en ai, sont l'effet du hasard : mes sentimens, dont je connois le prix, sont un bien qui m'est propre. Les conserver purs est mon plus pressant desir. Dans la situation dangereuse où je suis, regardée comme Esclave, quoique je sois libre, dans la dépendance absolue d'un Maître qui exerce sur moi sa tyrannie, il me faut des protecteurs.

LÉONIDE.

Eh ! Léonide, n'a-t-il pas promis, n'a-t-il pas fait vœu de vous délivrer ? Avez-vous si peu de confiance en lui ? mon amour n'en est-il pas le garant ?

DORIDE.

Et ce garant même effraye ma délicatesse. L'amour ne peut me rendre mes droits, sans qu'on me soupçonne de lui en avoir sacrifié quelques-uns. Ce secours enfin est dangereux pour moi ; il est même incertain : il pourroit nous devenir également contraire. C'est au peuple qui va s'assembler que j'ai résolu d'exposer la cruelle situation où je me trouve ; mes maux, mes craintes, ma destinée.....

LÉONIDE.

Quel projet !

DORIDE.

Oui, j'y suis déterminée. C'est aux yeux des Athéniens, des Magistrats qui les gouvernent, que dépouillant l'odieux travestissement dont je suis revêtue, je dirai les tourmens que j'ai soufferts.

LÉONIDE.

Et ne leur parlerez-vous, Doride, que de vos maux ?

DORIDE.

Je vous entends, Léonide. Loin de moi le moindre soupçon d'ingratitude ! je ne cacherai pas à mes juges, qu'au comble de l'infortune un citoyen généreux a montré pour moi les sentimens les plus intéressans, les plus estimables.....

LÉONIDE.

Non, non ; je les peindrai moi-même, ces sentimens ; vous les affoibliriez. Vous n'en connoissez pas encore la force, l'étendue. Ah! que je plaide ma cause! Ah! si nous la rendions commune, combien elle deviendroit plus intéressante! Daignez, daignez au moins par votre silence..... Mais on vient..... O Dieux! l'instant approche..... Doride! me laisserez-vous dans la funeste incertitude où je suis? Un seul mot. Nos intérêts seront-ils désunis? Prononcez mon arrêt.

DORIDE.

Modérez-vous; le temps presse, Seigneur. On approche.

LÉONIDE.

Non, si vous ne me donnez aucun espoir, je ne puis me prêter plus long-temps à une feinte qui blesse la sainteté de ce Temple. Que les Dieux me punissent! je ne veux que la mort.

DORIDE.

Vous oubliez, Léonide, combien celle d'Adonis coûta de larmes à la Divinité de ces autels.

LÉONIDE.

D'ATHÈNES.

LÉONIDE.

Qu'entends-je ! ô Vénus bienfaisante ! Ah ! céleste Doride !

DORIDE.

Contenez-vous ; il le faut, notre intérêt l'exige.

LÉONIDE.

O bonheur !.... (*Il apperçoit son père.*) O disgrace nouvelle ! c'est mon père qui porte ici ses pas.

SCÈNE V.

NAUCRATES, DAVE, LÉONIDE & DORIDE, *tous deux replacés sur leurs focles.*

NAUCRATES, *retenant Dave qui veut s'échapper.*

Tu n'échapperas pas. Je suis Magistrat : j'ai les ordres du Sénat. Il n'est plus d'asyle. Rends-moi mon fils, scélérat, ou tu mourras dans les tortures.

DAVE.

Ah ! Seigneur, sa fuite est-elle mon crime, ou n'en êtes-vous pas la cause ? Est-ce moi qui l'ai enfermé, dans l'âge où les hommes ont un plus grand besoin de la liberté ?

NAUCRATES.

N'irrite pas ma douleur, en me rappellant des torts dont je gémis..... Démophon, Démophon, venez vous unir à moi.

SCENE VI ET DERNIÈRE.

(*Au nom de Démophon, Doride paroît dans la plus vive agitation. Démophon s'approche de Naucrates. Le Peuple, qui entre en foule, se place dans les côtés du Temple; les femmes d'un côté, les hommes de l'autre. Les deux Statuaires se trouvent sur un des côtés du devant de la Scène, & les deux Magistrats avec Dave qu'ils retiennent, de l'autre.*)

LÉONIDE, DORIDE, NAUCRATES, DÉMOPHON, ORACRITES, ALCAMÈNE, DAVE, LE PEUPLE.

NAUCRATES, *à Démophon.*

Déja le Peuple s'empresse & remplit ce Temple. Il faut contenir encore quelque temps notre douleur & suspendre notre vengeance.

ALCAMÈNE.
(*à part.*)

Le cœur me bat à mesure que l'instant du jugement approche davantage. (*à Oracrites.*) Seigneur Oracrites, voici le jour de votre triomphe; car votre Adonis a des beautés qu'il est difficile de rendre.

ORACRITES, *avec un air modeste & un peu ironique.*

On peut y reconnoître la nature, il est vrai : voilà tout son mérite ; mais Vénus, grace à vos soins, aura, sans doute, des perfections qu'on ne lui connoissoit pas encore.

ALCAMÈNE.

Je dois me taire. Voici nos juges : demandons-leur de prononcer notre arrêt.

(*Au Peuple.*)

Athéniens, appréciateurs éclairés des talens, jugez-nous.

ORACRITES.

Athéniens, seuls distributeurs de la gloire, prononcez.

LE PEUPLE.

ATHÉNIENS.	ATHÉNIENNES.
Rien de si beau que Vénus.	Rien de si parfait qu'Adonis.

LES DEUX STATUAIRES.

A qui donc donnez-vous la couronne ?

D'ATHÈNES.
LE PEUPLE.

ATHÉNIENS.	ATHÉNIENNES.
Vénus mérite le prix.	Adonis mérite d'être couronné.

TOUS ENSEMBLE.

Que tous deux soient couronnés. Ædiles, allez remplir nos vœux.

(Les Statuaires marquent, à cet ordre, la plus grande inquiétude. Les Magistrats s'avancent avec des couronnes que de jeunes filles apportent dans des corbeilles. A mesure que Démophon & Naucrates s'approchent, ils regardent avec surprise, & sont vivement frappés de la ressemblance qu'ils apperçoivent entre ces statues & leurs enfans. Chacun d'eux se dirige vers celle des statues qui l'intéresse. Ils s'adressent enfin l'un à l'autre.)

NAUCRATES.

Quels traits ! ô Dieux ! Démophon, est-ce un songe ?

DÉMOPHON.

O Jupiter ! ô Vénus ! rends-nous les biens que nous ayons perdus.

NAUCRATES.

Vénus, rendez-moi mon fils, & prenez auſſi-tôt ma vie.

(*Léonide & Doride ſe précipitent en même temps aux genoux de leurs pères.*)

LES ATHÉNIENS.

O prodige ! les Dieux, les Dieux ont quitté l'Olympe pour honorer ce Temple de leur préſence.

LÉONIDE, *à ſon père.*

Vivez, Naucrates, vivez : Léonide eſt à vos genoux.

DORIDE, *à Démophon.*

Doride vous eſt rendue pour ne vous abandonner jamais.

DÉMOPHON.

Ah ! ma fille.

NAUCRATES.

O ! mon fils.

LE PEUPLE.

Pourquoi ce déguiſement, cette tromperie ? ſatisfaites la curioſité des Athéniens.

D'ATHÈNES.

LES STATUAIRES *se mettant à genoux.*

Hélas! deux rivaux, coupables de la même faute, implorent votre indulgence.

(*Léonide, qui s'étoit jetté encore aux genoux de son père, va prendre Doride, & la montre au peuple, en la tenant dans ses bras.*)

ORACRITES.

Nous voulions obtenir le prix, nous doutions de nos talens: nous avons projetté tous deux, à l'inſçu l'un de l'autre, de ſubſtituer à vos yeux les beautés de la nature à celles de l'art.

ALCAMÈNE.

Nos talens vous auroient moins bien ſervis; car nous n'aurions pu vous offrir d'auſſi parfaites images de la Divinité.

LE PEUPLE.

Grace en faveur de la nouveauté.

LÉONIDE, *à son père.*

O mon père! vous avez aimé; n'obtiendrois-je pas auſſi mon pardon? Peuple doux & ſenſible, daignez, en fixant les yeux ſur elle, vous intéreſſer pour moi.

NAUCRATES.

Athéniens ! ah ! c'est mon fils. Je le retrouve, & tout est pardonné.

DÉMOPHON.

Doride, ma fille m'est rendue. Ma joie ne cède qu'au desir de la rendre heureuse.

LÉONIDE, *en montrant Doride.*

Ah ! la cause de ma fuite doit me servir d'excuse.

DORIDE.

Accordez votre appui à qui protégeoit l'innocence.

LE PEUPLE.

Vous êtes dignes l'un de l'autre. Soyez unis, soyez heureux.

LÉONIDE & DORIDE *s'embrassent.*

O comble de toute félicité !

DAVE.

Et Dave, Dave seul sera-t-il sans récompense ?

LES DEUX VIEILLARDS.

Non; nous partagerons tous le bonheur de cette journée. Athéniens, il sera parfait, si vous applaudissez.

(Cette dernière Scène peut être suivie, comme on l'a dit, d'un Divertissement, mêlé de pantomime & de danse, qui représenteroit une marche nuptiale & les cérémonies de l'hyménée.)

FIN.

LES VEUVES,

OU

LA MATRÔNE D'ÉPHÈSE,

COMÉDIE,

EN TROIS ACTES, EN VERS.

NOTE

SUR LA COMÉDIE DES VEUVES.

Dans la Fable très-ancienne & très-scandaleuse de la Matrône d'Ephèse, & dans les emprunts qu'on en a faits, soit pour le Théâtre, soit autrement, les Auteurs ont suivi l'intention maligne du premier Inventeur de ce Conte satyrique, ou y ont ajouté.

Je n'ai pas eu le projet de participer, dans la pièce intitulée LES VEUVES, à cette intention blâmable, & lorsque, dans ma jeunesse*, je me suis fait un amusement de traiter le sujet de la Matrône d'Ephèse en forme de Comédie, je crois avoir suivi plus exactement la marche de la nature, sans offenser un sexe qui, s'il n'étoit aussi doux & pacifique, que nous sommes enclins, à son égard, au sarcasme & à la mauvaise plai-

---

* En 1757 ou 1758.

fanterie, prendroit bien aifément fa revanche. Mon Aftérie eft donc, d'après l'intention générale de la nature, fenfible & un peu foible. N'ayant aucune expérience encore; fi elle réfiftoit à des fentimens qui font faits pour elle, & fi elle penfoit mal de celui à qui elle les infpire, ce feroit, je le crois, un grand défaut de vraifemblance dans ma pièce. Il eft vrai qu'elle fe prête à feindre dans le troifième Acte; mais c'eft le malheur des circonftances qui font plus fortes quelquefois que la nature même; c'eft auffi par l'inftigation de Frofine, dont l'ame n'eft pas tout-à-fait auffi irréprochable que celle de fa Maitreffe. Enfin, elle abandonne le corps de fon mari au fort que Forbas lui deftine; c'étoit, au refte, le fort commun de tous les morts de fon temps. Quant à celui que Zélotidès a dû vraifemblablement éprouver, en qualité de mari vivant, après le départ très-innocent d'Aftérie & de Léonide, il faudroit être injuste & bien envieux de la félicité d'autrui pour en faire un crime à ma Veuve, qui sort si heureusement de l'embarras insurmontable, (au moins sur nos chastes Théâtres), où les alloit jetter une curiosité jalouse, indiscrette, défaut très-condamnable dans tous les temps.

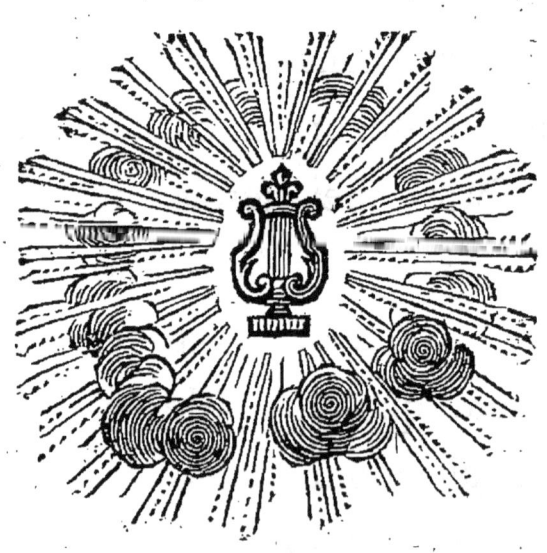

ACTEURS.

ASTÉRIE.

LÉONIDE, jeune Corsaire, amant d'Astérie.

ZÉLOTIDÈS, citoyen d'Éphèse, époux d'Astérie.

STRATON, esclave de Zélotidès, mari de Frosine.

FROSINE, esclave d'Astérie.

FORBAS, esclave de Léonide.

GNATON, vieillard ami de Zélotidès.

SOLDATS ET MATELOTS de Léonide.

ESCLAVES.

(*La Scène est dans une petite isle déserte, voisine d'Éphèse.*)

LES VEUVES,
OU
LA MATRÔNE D'ÉPHÈSE,
COMÉDIE.

ACTE PREMIER.

SCENE PREMIERE.
FORBAS, FROSINE.

FORBAS.

Ma foi, cette douleur de ta jeune Maitreſſe,
Eſt, conviens-en, d'une bien rare eſpèce.

FROSINE.

Rare aujourd'hui, plus commune autrefois
  Quand la ſageſſe, l'innocence,
  Les devoirs, la reconnoiſſance,
Ne paſſoient pas pour ſentimens bourgeois.

FORBAS.

Au fait. Deux vieux maris, dans le cours d'un voyage

Sont submergés par un même naufrage.
Ah ! je sais bien, quand on a de l'honneur,
Qu'on ne rit pas d'un tel malheur.
Eh bien! des cris, des pleurs, huit jours de solitude,
Un habit convenu, qui ne sied pas trop bien,
Qu'on peut rendre moins triste avec un peu d'étude,
Une étiquette enfin de ton & de maintien :
Voilà la régle. Mais fuir sa maison, sa ville
A trois milles d'Éphèse, en cette petite isle,
Dans un antre écarté, par le hasard offert,
Se choisir un tombeau, s'en faire un triste asyle,
Et vouloir toutes deux mourir dans ce désert ?....
Pour qui ? pour des maris, meuble fort inutile ;
Car ton pauvre Straton.....

FROSINE.

..... Il étoit de mon goût,

FORBAS.

Astérie.....

FROSINE.

Au sien devoit tout.
C'étoit un citoyen, honoré dans sa ville,
Et ce Straton, dont à tort on médit,
Toujours de bonne humeur, toujours époux docile,
Te valoit bien, sans contredit.

COMÉDIE.

FORBAS.

Mais ce Zélotidès, antique personnage,
  Tenoit sa jeune épouse en cage.

FROSINE.

Il l'éleva, l'épousa, l'enrichit.....

FORBAS.

L'ennuya, l'enferma : c'est toi qui me l'as dit.

FROSINE.

Je me dédis de tout.

FORBAS.

  De tout ? ah ! tu badines.....
Mais, qu'auriez-vous donc fait pour nous ?

FROSINE.

Pour que nous le sachions.....meurs.

FORBAS.

  Ah ! d'un ton plus doux,
Conviens au moins, modèle des Frosines,
Que c'est beaucoup pour de si jeunes mines.....
Et trop, ma foi, pour de si vieux époux.

FROSINE.

Malgré moi tu me fais oublier mon courroux.
Mais sur ce point si tu t'obstines,
Apprends qu'il est un âge, où sans effort
Par le besoin d'aimer, qui règle notre sort,
Des plus vifs mouvemens notre ame est susceptible,
Et qu'en un jeune cœur, tout neuf & né sensible,
Le premier sentiment est toujours un transport.

FORBAS.

Fort bien ; mais quand le feu si vivement s'allume,
Tout aussi vite il se consume.
Et puis, ne dit-on pas qu'en proie à ses malheurs,
en s'en occupant trop, on use ses douleurs ?

FROSINE.

Qui t'instruit donc si bien ?

FORBAS.

Eh ! c'est la circonstance.
Mais il ne tient qu'à toi d'accroître ma science.

FROSINE.

Eh bien ! il me faut donc convenir qu'en ces lieux,
De ces pleurs qu'en torrens, au péril de nos yeux,
Depuis un mois, nous avons prodiguées,
Dix Veuves, tout au moins, en les ménageant mieux,

Se feroient fait honneur, & se feroient targuées....
Mais j'entends Astérie. Eh ! vite, éloigne-toi.

FORBAS.

Songe à mon maître : il compte sur ta foi.
Je vais le joindre sur la rive.

FROSINE.

Dis-lui qu'ici je travaille pour lui.

FORBAS.

Il doit tout espérer, avec un tel appui.
Nous reviendrons bientôt, car notre ardeur est vive.

FROSINE.

Soit. Mais pars donc avant que ma Maîtresse arrive.

SCENE II.
ASTÉRIE, FROSINE.

ASTÉRIE.

Ah ! Frosine.

FROSINE.

Ah ! Madame. Où portez-vous vos pas ?

ASTÉRIE.

Que me demandes-tu ? plus que jamais troublée,
Du poids de mes douleurs toujours plus accablée,
Je ne sais où je suis, je ne sais où je vas.

FROSINE.

Pour moi, respirant l'air, mon ame s'est calmée :
Car ma douleur s'accroît, lorsqu'elle est renfermée.

ASTÉRIE.

Quelqu'un n'étoit-il pas avec toi dans l'instant ?

FROSINE.

Vous voyez.

ASTÉRIE.

On parloit.

COMÉDIE.

FROSINE.

Seule, en ce lieu sauvage,
Pour tromper mes ennuis, tout haut m'interrogeant,
Parlant en l'air, me répondant,
De babiller un peu, je reprenois l'usage.

ASTÉRIE.

De deux voix je pensois entendre ici le bruit.

FROSINE.

Eh ! qui, dans ce lieu solitaire,
Pourroit se rencontrer, hors ce jeune Corsaire
Que le hasard avoit ici conduit ?
Mais je le crois parti.

ASTÉRIE.

Parti ?

FROSINE.

Pour l'ordinaire,
Ces guerriers ont plus d'une affaire,
C'est d'eux ce que l'on dit, au moins,
Il a passé huit jours à nous rendre des soins........

ASTÉRIE.

Huit jours ! hélas ! ai-je pu vivre
Aussi long-temps ! je ne le croyois pas.

FROSINE.

Dans l'abandon, où votre ame se livre
C'est au destin à conduire vos pas.

ASTÉRIE.

Hélas !

FROSINE, *après un moment de silence.*

Madame.

ASTÉRIE.

Eh bien !

FROSINE.

En cette conjoncture,
Souffrez de grace, qu'au hasard
De ce que je pensois j'ose vous faire part.
Sans conséquence au moins. Au fond notre aventure
Est vraiment singulière. On n'en doit rien conclure ;
Mais depuis le séjour, les soins officieux
De ces deux étrangers, envoyés par les Dieux ;
Car enfin, nous n'avons nul reproche à nous faire,
Ma douleur toujours vive est pourtant moins amère,
Pour dire tout en mes afflictions,
Mon cœur même a senti quelques distractions :
J'en fais l'aveu. Mon ame est peut-être moins forte :
Il est juste qu'en tout ma Maîtresse l'emporte,
Et je lui dois céder le pas.

COMÉDIE.

Mais ce Guerrier enfin ne me déplairoit pas :
De l'Esclave..... auriez-vous remarqué la figure ?

ASTÉRIE.

J'étois trop occupée.

FROSINE.

Ah ! je le pense. Eh bien !
Sa gaîté suspendoit le tourment que j'endure.

ASTÉRIE.

Hélas ! quand finira le mien ?

FROSINE.

Le vôtre ? Ah ! si j'osois parler avec franchise....
Mais la sincérité souvent est un défaut.

ASTÉRIE.

Que dirois-tu ?

FROSINE.

Las ? je dirois tout haut,
Ce que je me disois quand vous m'avez surprise,
Qu'ou je me trompe infiniment,
Ou nous faisons une sottise.

ASTÉRIE.

Frosine ?.....

FROSINE.

Ah ! c'eſt de moi que ſi légèrement
J'ai parlé. Je diſois : ſi l'époux que je pleure
Ne penſoit plus à moi dans ſa ſombre demeure ;
Si dans ces lieux, dont volontairement,
Nous prétendons forcer la route,
Où cependant trop vîte on arrive, ſans doute,
Où l'on va droit, quoiqu'on n'y voye goutte,
Le ſort nous eût conduit plutôt
Que nos époux ;.....

ASTÉRIE.

Hélas !

FROSINE.

Hélas ! ni l'un ni l'autre
N'auroit été, j'en réponds, aſſez ſot
Pour courir après nous ; &, croyez-moi, le vôtre,
Tout en ſe conſolant, s'en fût remis au ſort,
Pour lui marquer le terme de ſa vie.
Le monde auroit-il dit, qu'il eût eu ſi grand tort ?

ASTÉRIE.

Le monde eſt inſenſible.

FROSINE.

On l'eſt, je le parie,

COMÉDIE.

Bien plus encore au sombre bord.
Eh! pourquoi donc porterions-nous envie
Au repos qu'on goûte là-bas ?
Espérez-vous, après votre trépas,
Emporter avec vous des charmes,
Qu'avec chagrin, je vois de jour en jour,
S'envoler, se flétrir, se noyer dans vos larmes ?
Quelle perte, hélas ! pour l'amour !

ASTÉRIE.

Ah! je crois qu'en effet je suis bien enlaidie.

FROSINE.

Je ne dis pas cela. Non ; mais cette fraicheur,
Cet embompoint, cet éclat, cette fleur,
Dont le printems, l'amour, la gaîté, la folie
Vous avoient embellie.
Ce tein, où la rose & le lys
Sans art, à votre insçu naissoient toutes les nuits,
Aux traits de la mélancolie
Cède un peu, se ternit. Pour l'éclat de vos yeux...

ASTÉRIE.

Eh bien ! mes yeux ?

FROSINE.

Battus par l'insomnie,
Sont moins brillans.

ASTÉRIE.

Te paroissent affreux!
Dis vrai.

FROSINE.

Dans cet instant je les trouve un peu mieux;
Mais je prévois, & cela me chagrine,
Que la tristesse.....

ASTÉRIE.

Eh bien! Frosine?

FROSINE.

Eh bien! conduira sur ses pas.....

ASTÉRIE.

La laideur?

FROSINE.

La laideur? ah! qu'avec ces appas,
Oui. Tels qu'ils font encor.....

ASTÉRIE.

Vous m'excédez, Frosine.

FROSINE.

Le Guerrier?.....

ASTÉRIE.

Le Guerrier.....

COMÉDIE.

FROSINE.

Ne m'échapperoit pas.
Qu'il est bien fait & qu'il a bonne mine !
Quant à l'Esclave il est bien amoureux,
Mais pas plus que le maître, & croyez-en Frosine.
Il est très-clair qu'ils en tiennent tous deux.
Ce que je voudrois donc obtenir de Madame,
C'est qu'elle eût la bonté de me dire tout bas,
Si je me suis trompée en lisant dans leur ame.

ASTÉRIE.

Ah ! c'en est trop Je ne me conçois pas,
Et de ma patience à la fin je m'étonne
Je devrois. . . . .

FROSINE.

Vous êtes si bonne !
De grace, un signe, un mot, un oui.

ASTÉRIE.

Mais ce tourment est inoui.
Que voulez-vous ?

FROSINE.

Savoir si l'on a fait paroître
Le vrai motif des soins, ...

LES VEUVES,

ASTÉRIE.

Ce motif ne peut être
Que la pitié.

FROSINE.

Non, non. Je sçai mieux m'y connoître.
La pitié n'a pas certain tour,
Que le Guerrier possede en maître ;
Et celle qu'il fait voir, je le dis sans détour,
Est le déguisement d'un traître,
Ou le prétexte de l'amour.

ASTÉRIE.

Mais quel but, quel dessein?....

FROSINE.

Mais ceux que, lorsqu'on aime,
On a malgré soi-même.

ASTÉRIE.

Ah! de pareils projets
L'imprudence seroit extrême.

FROSINE.

Le seul plaisir d'aimer.

ASTÉRIE.

Sans espoir de succès !

COMÉDIE.

FROSINE.

Même sans espérance,
Est-on maître d'aimer ?

ASTÉRIE.

C'est une extravagance,
Lorsqu'il n'est aucune apparence
De réussir dans ses desirs ;
Et pour une chose impossible,
Se consumer.....

FROSINE.

Fort bien. Sans doute, nos soupirs
Auront plus de pouvoir, & nous rendrons sensible
Cette Divinité sourde, aveugle, inflexible,
Qui semble nous avoir ravi tous les plaisirs
En nous ôtant, à la fleur de notre âge.....
Tenez. Je parle vrai. Ma foi, nos deux époux
Jamais, au grand jamais ne seroient morts pour nous.
Mais on vient à grands pas : je gage
Que le jeune Guerrier s'avance dans ces lieux,
Je lui cède la place. Il s'expliquera mieux.

ASTÉRIE.

Non, non. Fuyons un projet qui m'outrage,
Tu m'as troublée, & je dois, & je vais
Retrouver dans mes pleurs, dans ma juste tristesse,

Des armes contre ma foiblesse,
Et me livrer à mes regrets.

SCENE III.
LÉONIDE, FORBAS.

(*Forbas porte une corbeille de fruits & de fleurs. Léonide lui parle vivement, & il pose sa corbeille à terre pour l'écouter.*)

LÉONIDE.

C'EST ici que je dois rejoindre ce que j'aime.
Frosine, m'as tu dit, doit bientôt, en secret
    M'instruire de ce qu'elle a fait;
    Pour servir mon ardeur extrême.
Je ne l'apperçois pas. Qui peut la retenir ?
    Oublieroit-elle d'y venir ?

FORBAS.

Elle y viendra, Seigneur. Eh! qu'elle impatience !
    Nous voici tout près du tombeau.
    Savez-vous bien que de la violence
    Dont j'ai couru, chargé de ce fardeau,
Je suis rendu ? Souffrez que je reprenne haleine;
    Je ne pouvois suivre vos pas,
Et cependant l'amour, ainsi que vous, m'entraîne.

                                    Frosine

COMÉDIE.

Frosine a pour moi mille appas ;
Elle m'écoute sans colère,
Je l'emporte déjà sur le défunt époux,
Et je me crois, soit dit sans vous déplaire,
Un peu plus avancé que vous.

LÉONIDE.

Pour moi j'ignore, hélas ! ce qu'il faut que j'espère ;
Mais la belle Astérie à mon cœur est si chère,
Que l'adorer, pour jamais est mon sort,
Quand elle seroit inflexible ;
Juge de mon malheur, si malgré tout effort
A mes soins, à mes feux elle étoit insensible.

FORBAS.

Pour un jeune Guerrier, fait à tous les revers,
Cherchant gloire, fortune & plaisirs sur les mers,
Bien sérieusement vous traitez cette affaire.
Je ne reconnois plus cette intrépidité,
Ni ce sang-froid qui vous est ordinaire,
Ah ! modérez cette vivacité,
Qui pourroit à la fin vous nuire.
Seroit-ce à moi de vous instruire ?
Gardez-vous bien, Seigneur, de toute extrémité !
En Guerrier courageux, mais sage,
N'ayez ni trop de feu, ni de timidité,
Sachez prendre votre avantage.

O

Qu'eſt-ce qu'un mari regretté
Contre un Amant, à la fleur de ſon âge ?
Je gagerois pour vous, quand il ſeroit vivant.
Mais ſouvenez-vous bien qu'en amour comme en guerre
C'eſt très-ſouvent d'un rien que le ſuccès dépend,
Et que pour bien ſaiſir le favorable inſtant
Le ſang-froid eſt fort néceſſaire.

LÉONIDE.

Ah ! que l'on aime foiblement,
Lorſque de ſa raiſon on conſerve l'uſage !

FORBAS.

Oui ; mais l'on voit aſſez ſouvent
Qu'en aimant un peu moins, on en plaît davantage.

LÉONIDE.

Non, je plairai. L'Amour m'en eſt garant,
C'eſt à lui ſeul de me conduire.
Je veux toucher, & non ſéduire :
Pour agir autrement, mon effort ſeroit vain,
Et je m'abandonne au deſtin ;
C'eſt lui qui ma conduit dans cette iſle ſauvage.
Tu ſais bien que je n'y cherchois
Que des occaſions d'exercer mon courage.

FORBAS.

Vous n'imaginiez pas y trouver l'eſclavage,

COMEDIE.

Et voir déconcerter ainsi tous vos projets.

LÉONIDE.

De la beauté j'ignorois la puissance.

FORBAS.

Vous vous en souviendrez, je pense.

LÉONIDE.

Ah ! je ne l'oublierai jamais,
L'instant où je vis Astérie.
Je parcourois ces bords ; j'errois, sans nulle envie...
En cet endroit, dans ce bois écarté,
Tu le sais....

FORBAS.

Oui.

LÉONIDE.

Sous ce triste feuillage
J'apperçois un tombeau. La curiosité
Me fait approcher davantage.
Quelques mots échappés vinrent en ce moment
Me frapper. Étonné, j'écoute ; je m'arrête ;
J'entens quelques sanglots. Saisi d'étonnement,
J'avance aussi-tôt & m'apprête
A pénétrer dans le tombeau.
J'y descens. Un triste flambeau,

Ne fembloit y donner qu'à regret fa lumière,
Aftérie, Aftérie ouvre enfin la paupière,
Et d'un feul regard de fes yeux
Me tranfporte au féjour des Dieux.

FORBAS.

Fort bien. Vous m'avez, je vous jure,
Plus de vingt fois, redit cette aventure.
N'importe. Allons : recommencez,
Je fais que de l'objet de fon ardeur extrême,
On parle toujours, quand on aime,
Sans jamais en parler affez.

LÉONIDE.

Que fa douleur la rendoit belle !

FORBAS.

J'excufe en vous ce que je fens.

LÉONIDE.

Je ne puis plus vivre fans elle.

FORBAS.

Allons, Seigneur ; profitons des inftans
Et des tréfors que le fort nous deftine.
Mais la voilà qui fe montre à nos yeux....
Non, c'eft....

COMÉDIE.

LÉONIDE.

C'est Frosine. Ah ! tant mieux.

SCENE IV.

LÉONIDE, FORBAS, FROSINE.

LÉONIDE *à Frosine, vivement.*

AIMABLE Esclave, instruisez-moi de grace,
De tout ce qu'il faut que je fasse,
Pour toucher Astérie & vaincre sa douleur.

FROSINE.

C'est vous que je cherchois, Seigneur.
Pour vous servir j'ai fait merveille :
J'ai parlé tout au mieux ; ma foi, je vous conseille
D'achever.

LÉONIDE.

Ah ! Frosine. Où puis-je la trouver ?

FROSINE.

Sous cet ombrage épais la voyez-vous rêver ?
Ou je me trompe dans ma conjecture,
Ou j'en devine le sujet.

LÉONIDE.

Tu croirois?.... Je reçois ce favorable augure,
Et je cours la chercher.

FROSINE.

J'approuve ce projet.
Allez, allez. Votre préfence
Ne peut rien gâter à préfent.

LÉONIDE.

Je faurai reconnoître un fervice fi grand.

(*Il fort.*)

SCENE V.

FORBAS, FROSINE.

FORBAS, *en s'approchant avec empreſſement de Froſine.*

AH! je me charge, moi, de la reconnoiſſance.
Mon amour en eſt le garant.
Tu le veux bien. N'eſt-il pas vrai, Froſine?

FROSINE.

Je n'en fais rien.

COMÉDIE.

FORBAS.

Ce doute est insultant.
Pourquoi ?

FROSINE.

C'est que tu m'as la mine
De promettre trop aisément.

FORBAS.

Je tiendrai tout.

FROSINE.

Propos & mensonge ordinaire,

FORBAS.

Non, foi d'Amant, foi de Corsaire.

FROSINE.

Le serment est naïf.

FORBAS.

Il en vaut cent fois mieux.
Aurois-tu plus de foi dans ceux que l'on voit faire
En prenant à témoin les Dieux,
Qui souvent dans un cœur faussaire,
Lisent d'avance un parjure odieux.
Mais brisons là. Parlons d'une autre affaire.
Crois-tu que ta Maitresse écoute enfin les vœux,

De Léonide, & qu'approuvant ses feux
Nous voyons à la fin à sa douleur amère
  Succéder les jeux, les plaisirs ?

FROSINE.

C'est aller vîte.

FORBAS.

    Ainsi vont mes desirs.
Ah ! si l'on m'en croyoit, par un bon hymenée
 Dès aujourd'hui, rendant grace à l'Amour,
 Elle verroit changer sa destinée,
  Et loin de ce triste séjour,
  Loin du naufrage & de la guerre,
Songeant à réparer ce que ces noirs fléaux
 Causent de mal en dépeuplant la terre,
Nous oublierions, ma foi, les morts & les tombeaux.
 Qu'en dis-tu ?

FROSINE.

  Moi ?

FORBAS.

    Toi..... sois sincère ?

FROSINE.

Devine-le ; car je te tiens rigueur.
 Mais quant à ma jeune Maîtresse,

COMÉDIE.

Elle semble échapper par fois à la douleur ;
Dans ses regards, je vois moins de tristesse :
Elle ne pense pas toujours à son malheur ;
Elle rêve ; elle a l'air de craindre sa foiblesse,
  Elle évite & fuit son vainqueur.
Son ingénuité lui cache, lui déguise
Le danger ; mais bientôt elle sera surprise
  Du chemin qu'aura fait son cœur.
  J'entends......ce sont eux, ce me semble.

FORBAS.

Vivement ils parlent ensemble.

FROSINE.

Ils viennent.

FORBAS.

     Et moi, de ce pas,
D'une idée à la fois délicate, agréable,
Je vais tenter l'effet. L'instant est favorable.

FROSINE.

Prends garde, au moins, & ne te presse pas.

FORBAS.

Il vaut mieux hasarder, que d'être trop timide.
L'amour vole encor mieux, quand le plaisir le guide.

SCENE VI.
ASTÉRIE, LÉONIDE, FROSINE.

ASTÉRIE *paroissant vouloir s'éloigner.*

Non, laissez-moi. Respectez mieux, Seigneur,
Et mon état & la juste douleur
Qui de mes jours doit finir la durée.
 Cessez de combattre l'horreur,
A laquelle mon ame à jamais s'est livrée.

LÉONIDE.

Je ne vous quitte plus.

ASTÉRIE.

   Cessez ce vain effort.
Tout est perdu pour moi. Zélotidès est mort,
Et ne possédant plus l'objet de ma tendresse,
 Tout autorise ma tristesse,
L'amour, l'honneur, la raison, le devoir.

LÉONIDE.

Ah! plutôt tout s'oppose à votre désespoir.
 L'amour, j'en suis certain, Madame,
 Ne m'a conduit dans ce désert,

COMEDIE.

Ne m'a bleffé de ce trait qui m'enflamme,
Que pour fon intérêt. C'eft moi dont il fe fert
  Pour fauver, s'il fe peut, des charmes
Dont le feu dangereux, en dépit de vos larmes,
  Oui. Malgré vous, prête à ce Dieu
  De trop inévitables armes.

ASTÉRIE.

Non, non. Je fais que dans ce lieu,
Ce qui vous a conduit fut un defir de gloire,
  Les vents, le hafard & d'ailleurs
Je me connois, Seigneur, & je ne dois point croire
Que des traits languiffans, flétris par les douleurs
 Soient dangereux. Perdez-en la mémoire.

LÉONIDE.

La perdre! ô Dieux! & le puis-je jamais?
  Oublier, avec tant d'attraits
Des fentimens fi purs, cette délicateffe.....
 Cette aimable & douce candeur,
 Fleur de vertu, grace de la jeuneffe,
  Dont le charme toujours vainqueur
Brille à travers les pleurs, réfifte à la trifteffe,
  Et qui, fans efpoir de retour,
Vous rend de tous les cœurs fouveraine maîtreffe.

ASTÉRIE.

Ceffez, Seigneur, ceffez, un tranfport qui me bleffe,

Et loin de moi cherchez un plus heureux séjour.

LÉONIDE.

En est-il un plus beau que cette solitude ?
　Vous l'habitez. Ah ! si jamais l'Amour
Calmoit de votre cœur l'affreuse inquiétude,
　Vous la verriez, de momens en momens
　A vos regards s'embellir sans mesure.
Délicieux prestige ! où des seuls sentimens,
　　L'Univers reçoit sa parure,
　　Et dont jouissent deux Amans,
Lorsqu'ils sont ignorés de toute la nature.

ASTÉRIE.

Ces erreurs ou ces biens ne sont pas faits pour moi.

LÉONIDE.

Ah ! Madame, avouez plutôt de bonne foi,
　　Que vous en ignorez les charmes.
Le trop heureux objet des précieuses larmes
Que vous versez, celui qui cause vos regrets,
Pouvoit-il inspirer ce feu, cette tendresse,
Ce sentiment si vif, cette délicatesse,
　　Dont la sage & froide vieillesse
Ignore le secret, & qui sont à jamais
　　L'appanage de la jeunesse ?

ASTÉRIE.

Zélotidès m'aimoit, Seigneur.

COMÉDIE.

LÉONIDE.

Oui, je le crois.
Mais vous ignorez tout vos droits :
Vous méritez d'être adorée.
Votre cœur s'est mépris. Votre ame s'est livrée
Au premier mouvement que vous avez senti.
Vous ignorez la différence
D'un sentiment dicté par la reconnoissance,
Ou bien d'un amour assorti ;
D'une amitié tranquille, & sans inquiétude,
Fille de la froide habitude,
Ou bien de ce nœud si charmant,
Où chacun inspire & ressent
Une tendresse mutuelle,
Un feu que chaque instant
Accroît ou renouvelle.

ASTÉRIE, *après avoir rêvé quelques instans.*

Il est bien vrai que mon mari
Ne ma jamais parlé ce séduisant langage.
Sa passion étoit plus sage ;
Elle étoit plus durable aussi.

LÉONIDE.

Non, d'un cœur généreux qu'un vrai penchant engage,
Un feu constant est le partage.
C'est le mien, & j'en ai pour garant la beauté.

ASTÉRIE.

Il se détruit, Seigneur, ce gage imaginaire,
Et l'on m'a dit cent fois, que le sort ordinaire
    De ces amours, pleins de vivacité,
Étoit le changement & la légèreté.
        Comme un seul instant les voit naître,
        Un autre les voit disparoître,
        D'une égale rapidité.

LÉONIDE.

Ah ! pardonnez : mais à cette peinture,
Je ne vois que les soins d'un vieillard qui craignoit
    De perdre un bien qu'il possédoit,
En dépit de l'Amour & malgré la nature.
Il vous trompoit, & je dois à ces Dieux
    De le convaincre d'imposture,
    Par la constance de mes feux.

ASTÉRIE.

Ç'en est trop. Arrêtez. Mon cœur veut rester maître
De fuir un sentiment, que vous peignez trop bien.
    Loin d'éprouver, je ne veux pas connoître;
L'état de votre cœur agite trop le mien.

LÉONIDE.

Belle Astérie, osez-vous vous défendre
    D'un sentiment de générosité ?

Vous n'êtes point barbare & votre cœur est tendre.

ASTÉRIE.

Laissez-moi, laissez-moi : j'en ai trop écouté.
Je devois fuir, & je ne puis comprendre
Par quel pouvoir......

LÉONIDE.

Celui de la sincerité.
Oui. c'est là mon seul avantage.
Toucher le cœur est le partage
Et le droit de la verité.

ASTÉRIE.

Mais qui vient dans ces lieux ? quel bruit s'y fait entendre ?

LÉONIDE.

Je vois Forbas. Il pourra nous l'apprendre.
Forbas, de ce bois écarté,
Qui peut troubler la paix & le silence ?

SCENE VII.

ASTÉRIE, LÉONIDE, FROSINE, FORBAS, ESCLAVES.

FORBAS.

SEIGNEUR, c'est la reconnoissance.
Des Esclaves d'Éphèse, à qui votre bonté
Permet, en faveur d'Astérie,
De retourner dans leur patrie,
Viennent, pour cet excès de générosité,
Vous offrir le premier usage
Qu'ils font de leur liberté.

LÉONIDE, *aux Esclaves.*

Ce n'est pas moi qui vous dégage.
C'est à l'aimable objet dont je suis enchanté,
Que vous devez cet avantage,
Et le même pouvoir qui fait mon esclavage
Rompt pour jamais votre captivité.

Léonide suit Astérie, qui s'éloigne de lui.

Vous fuyez..... je vous suis.

SCÈNE VIII.

FROSINE, FORBAS *qui les regarde.*

FORBAS.

Que dis-tu de la fuite ?

FROSINE.

Qu'en s'échappant quand on se laisse voir,
Qu'on attire ce qu'on évite,
On peut dans ce combat craindre, pour le devoir.

FORBAS.

Et dans cette grande aventure,
De quel parti crois-tu que se rangent les Dieux ?

FROSINE.

Nous le verrons ; mais j'en sçais déjà deux
Qui sont pour nous : l'Amour & la Nature.

Fin du premier Acte.

ACTE II.

SCENE PREMIERE.

ZÉLOTIDÈS, STRATON.

ZÉLOTIDÈS.

Nous voici donc, Dieu merci, de retour.
De débarquer je ne me sens pas d'aise,
Et je bénis à jamais l'heureux jour,
   Où je me vois si près d'Éphèse.

STRATON.

Mon cher Maître, ma-foi, j'en suis bien aise aussi;
   Mais, s'il vous plaît, si près du terme,
   Si près de l'endroit qui renferme
Nos femmes, nos maisons, que faisons-nous ici?

ZÉLOTIDÈS.

Tu sauras tout.

STRATON.

      Après un long voyage,
   Après mille dangers soufferts,
Nous débarquons dans un endroit sauvage,

Et nous nous contentons de voir dans ces déserts,
  Avec une joie imbécille
 Dans le lointain, les murs de notre ville.
 Daignez m'en croire : allons dès aujourd'hui,
  Tout bonnement, près de nos femmes,
  Nous dédommager de l'ennui,
Qui depuis si long-temps a pénétré nos ames.
  A quoi bon jouer tant au fin,
Et vouloir, d'une humeur curieuse & jalouse,
 Approfondir le cœur de son épouse ?
 Mon cher patron, le plus savant s'y blouze,
  Et je crains bien que tout au moins
 Vous n'y perdiez votre temps & vos soins.

ZÉLOTIDÈS.

Non, j'ai pris mon parti ; ma femme se croit veuve,
Je prétends l'éprouver, jouir de sa douleur,
  Et voir dans ses regrets la preuve
 Des sentimens que renfermoit son cœur.

STRATON.

  Ah ! Seigneur, n'est-ce pas folie
  De vouloir qu'en dépit du sort,
 Elle vous soit fidèle, après la mort ?
Obtenez seulement que, pendant votre vie,
Vous puissiez, sur ce point, vous faire illusion,
Cédez, pour votre bien, à cette fiction,

P ij

La vérité vaut-elle un aimable menfonge ?
Si j'étois sûr d'avoir en fonge
Époufe raifonnable & fur-tout fans humeur ;
Ma bourfe toujours bien garnie ;
Un maître libéral, exempt de fantaifie,
Je ne voudrois que ce bonheur.
D'un bien plus vrai je n'aurois nulle envie :
A rêver pour jamais je bornerois mes vœux ;
Je crois le mieux trompé, ma foi, le plus heureux.

ZÉLOTIDÈS.

Mais je ne le fuis point ; je penfe bien qu'on m'aime.
Sur ce point-là, ma femme eft un tréfor.

STRATON.

Eh ! que voulez-vous donc encor ?

ZÉLOTIDÈS.

D'un plaifir ignoré je veux jouir moi-même.
Je te l'ai dit. Je veux, par certain ftratagême,
M'introduifant chez moi ce foir,
Écouter ma femme, & la voir
Gémir, pleurer, mourir de défefpoir.

STRATON.

Le beau plaifir ! Ah ! que fi j'étois d'elle,
Avec quelque blondin, j'aurois bien à mon tour
La curiofité d'éprouver votre amour.

COMÉDIE.
ZÉLOTIDÈS.

Je te rends graces de ton zèle,
Et pour le payer à l'inftant,
Apprends que du projet & du déguifement
Je prétends que tu fois.... & que Straton partage,
Ainfi que mes malheurs, mes plaifirs les plus doux.

STRATON.

Moi?.... non, Seigneur. Ceffez ce badinage.
Je ne fuis, Dieu merci, curieux ni jaloux.

ZÉLOTIDÈS.

Il n'eft plus temps, le même orage,
Qu'on croit avoir fini mon fort,
A terminé le tien, & par certaine lettre,
Qu'à ma femme j'ai fait remettre,
Depuis huit jours au moins, Frofine te croit mort.

STRATON.

Huit jours!.... je fuis perdu.

ZÉLOTIDÈS.

D'où te vient ce tranfport?

STRATON.

De certain mal fubit qui fe porte à ma tête.
Non, je ne puis, Seigneur, approuver ce projet,

Et de ce qui pour nous s'apprête,
Je crains le plus fâcheux effet.
Mais ne falloit-il pas tout au moins mon suffrage ?
Ah ! franchement, il n'est pas bien....

ZÉLOTIDÈS.

Quoi ?

STRATON.

De tuer les gens sans leur en dire rien.

ZÉLOTIDÈS.

Tu me remercieras, je gage,
Mon cher Straton.

STRATON.

     Moi ! non vraiment.
Si nos femmes déjà sont faites au veuvage,
   Voudront-elles changer d'état ?
Il faudra donc nous pourvoir au Sénat,
  Et là, par raisons & par preuves,
Persuader le Juge & convaincre nos Veuves ;
  Ou souffrir qu'en dernier ressort
  Chacun de nous passe pour mort,
  Pendant le reste de sa vie.
  Ne faisons point cette folie :
Les morts & les absens, Seigneur, ont toujours tort.

COMÉDIE.

ZÉLOTIDÈS.

Ne crains rien. J'en fais mon affaire;
D'ailleurs il n'est plus temps de vouloir le contraire.
Gnaton, que j'ai mandé, vient d'Éphèse en secret,
M'aider à remplir mon projet.
Je suis surpris qu'il tarde, & d'après mon message,
Il devroit.....mais quelqu'un vient ici du rivage :
J'y cours.

SCENE II.

STRATON, seul.

Moi de surprise & de crainte agité,
Je reste comme un terme, & ne saurois le suivre.
Straton mort ! quelle cruauté !
Il se trouvoit si bien de vivre.
A ce vieux fol, à ce vieux entêté,
Je savois bien un peu de singularité......
Mais ce desir est une extravagance.
Vouloir apprendre, en toute vérité,
Ce qu'après nous, sur notre compte on pense !....
Grands Dieux ! que les hommes sont fous !
Le plus vrai bien de presque tous,
Eh ! n'est-ce pas le doute & l'espérance ?

N'est-ce pas là sur-tout le vrai bien des époux ?
(*Il regarde.*)
Mais les voilà bras dessus, bras dessous.
Comme à parler chacun s'empresse !
Comme on s'embrasse à qui mieux mieux !
Je vois le mien conter son projet merveilleux.
De nous sauver, Gnaton, aurez-vous la sagesse ?
Les voici.... Je frémis.... apprenons notre sort.

SCENE III.
GNATON, ZÉLOTIDÈS, STRATON.

ZÉLOTIDÈS, *riant.*

Ainsi grace à la lettre, on me croit donc bien mort.

GNATON.

Absolument.

ZÉLOTIDÈS.

Fort bien.

STRATON.

Fort mal.

ZÉLOTIDÈS.

Et le naufrage ?

COMÉDIE.

GNATON.

Accrédité par des récits divers,
Vous a fait périr sur les mers.

STRATON.

Et Straton est noyé.

GNATON.

Certainement.

STRATON.

J'enrage.

ZÉLOTIDÈS.

Je suis au comble de mes vœux.
Mais, dites-moi, sans plus attendre,
Ce rendez-vous mystérieux,
Qu'en ces lieux je vous donne, aura dû vous surprendre ?

GNATON.

Je n'y vois rien qu'on ne puisse comprendre ;
J'approuve vos empressemens
Pour une épouse si chérie,
Et j'aurois, comme vous, à la tendre Astérie,
Consacré mes premiers momens.

ZÉLOTIDÈS.

Qu'entendez-vous par-là ?

GNATON.

J'aurois agi de même.

ZÉLOTIDÈS.

Vous ne pouvez deviner mon projet.

STRATON, *à part.*

Je le crois bien, vraiment.

GNATON.

Moi, je conçois l'effet
Qu'aura causé cette surprise extrême.

ZÉLOTIDÈS.

Quelle surprise ! Ah ! pour votre raison,
J'ai quelque crainte, au moins.

GNATON.

Mais vos discours, ce ton..?
Votre air enfin me déconcerte.
Le hasard seul, dans cette isle déserte,
Vous auroit-il conduit ?

ZÉLOTIDÈS.

Ce n'est pas le hasard.

STRATON.

Non ; mais l'extravagance.

COMÉDIE.

ZÉLOTIDÈS.

Et je vous ferai part
De mes raisons. Mais enfin, Astérie?

STRATON.

Et Frosine, Seigneur?

GNATON.

O trop heureux époux!

STRATON.

On nous regrette donc, là, sans plaisanterie.

ZÉLOTIDÈS.

J'en étois sûr.

STRATON.

Qu'ont-elles dit de nous?

GNATON.

Puisque vous l'ignorez, le récit sera doux.
  Apprenez donc qu'à la nouvelle
  De votre déplorable sort,
  Au désespoir donnant l'essor,
  Après s'être, selon l'usage,
  Meurtri, déchiré le visage,
On les vit tout-à-coup marcher, courir au port.

LES VEUVES,

ZÉLOTIDÈS.

Ah ! je fremis.

GNATON.

Puis se pressant d'atteindre le rivage.

STRATON.

Ah ! par ma foi, cela me trouble aussi.

ZÉLOTIDÈS.

Moi, je les vois dejà précipitées.....

GNATON.

Non ; mais dans une barque après s'être jettées,
Elles se font, écoutez bien ceci,
Fait conduire.....

ZÉLOTIDÈS.

Où ?

GNATON.

Précisément ici.

ZÉLOTIDÈS.

Quoi ! dans cette isle où nous voici ?
Et qu'y fait Astérie ?

GNATON.

Épouse inconsolable,

COMÉDIE.

En ce défert au monde renonçant,
Ne penfant qu'à vous feul, ne parlant qu'à votre ombre,
Elle a fait d'une grotte, afyle trifte & fombre
  Une forte de monument,
Où fa fidélité pour jamais s'éternife;
  Et là, pleurant inceffamment,
A vous feule elle veut, comme une autre Artémife,
  Sacrifier fes jours & fa beauté.

ZÉLOTIDÈS.

La pauvre femme, hélas! quelle fidélité?
J'ai donc un maufolée. Aftérie eft charmante.
Un monument pour moi! l'invention m'enchante.
Eft-il loin mon tombeau?

GNATON.

  Mais, c'eft dans ces entours.

ZÉLOTIDÈS.

Ah! courons-y... non, non... quelques inftans encore,
Il faut qu'elle foit veuve, & bientôt, aux amours,
  Ce cher objet que j'aimois, que j'adore,
  Sera rendu, cette fois, pour toujours.

SCENE IV.

STRATON, *seul.*

O COMBLE de l'extravagance !
Dois-je la partager ? faut-il suivre ses pas ?
Hélas ! le mal me gagne ; &, dans cette démence,
Frosine me promet, après ce court trépas,
Certains plaisirs tout neufs, plaisirs de circonstance;
  Et je ne sais quels appas,
Dont, avant d'être mort, je ne me doutois pas.
  J'entends du bruit. Si c'étoit elle !

ZÉLOTIDÈS, *de loin.*

Straton ! Straton !

STRATON.

  Zélotidès m'appelle.
Allons faire le mort, pour notre plus grand bien.
Ce Vieillard m'a promis, au retour du voyage,
  De m'affranchir de l'esclavage.
Près de la liberté, tout le reste n'est rien.

SCENE V.

FORBAS, FROSINE.

FROSINE, *qui voit échapper Straton.*

Me trompé-je, Forbas ? à travers le feuillage,
Quelqu'un fortoit d'ici.

FORBAS.

Bon. Ce fera, je gage,
Quelques gens de notre équipage,
Difons plutôt, du tien : car enfin, dans ce jour,
Du cœur de ta belle Maitreffe,
Nous banniffons, grace à l'Amour,
L'ennui de vivre, la trifteffe.
Grace à nos foins tout réuffit.

FROSINE.

Ah ! je vois que Forbas eft un garçon d'efprit.

FORBAS.

Tiens, quand tu te tais même en regardant ta mine,
J'en emprunte de toi.

FROSINE.

Penfes-tu badiner ?

Franchement, je me crois faite pour en donner.

FORBAS.

Eh bien! la préférence ? écoute-moi Frosine,
L'esprit, celui sur-tout qui d'Amour nous provient,
　　Est un trésor d'une vertu divine :
Car plus nous en donnons & plus il nous en vient.

FROSINE.

Ah! que les voilà bien! voyez quelle éloquence
Leur prête le desir! qu'ils sont ingénieux!

FORBAS.

Tu verras, tu verras si la reconnoissance
　　Ne s'exprime pas encor mieux.

FROSINE.

Il faut en convenir : c'est un joli langage,
Que celui des Amans, près d'obtenir le prix
Qu'ils comptent mériter, en leur rendant hommage.
　　Qu'ils sont galans, doux & soumis !

FORBAS.

Je puis, si je l'obtiens, l'être encor davantage.

FROSINE.

　　Je n'en crois rien.

FORBAS.

COMÉDIE.

FORBAS.

Éprouve-moi.

FROSINE.

Penses-tu bien à quoi ta promesse t'engage ?

FORBAS.

A t'aimer, en dépit.... Même du mariage.

FROSINE.

A quoi te soumets-tu, si tu deviens volage ?

FORBAS.

Ma foi, du châtiment je m'en remets à toi.

FROSINE.

Ta résignation me plaît & m'encourage ;
Mais pressons-nous ; si tu m'en crois,
A nos amans conseillons le voyage.....
Cherchons-les.

FORBAS.

Je les apperçois.

SCENE VI.

ASTÉRIE, LÉONIDE, FROSINE, FORBAS.

ASTÉRIE.

N'êtes-vous pas content d'avoir contraint mon ame,
A recevoir l'aveu d'une indiscrette flamme,
Dont j'apperçois trop tard le fatal ascendant;
Que je combats enfin..... & combats vainement?

LÉONIDE.

Non, non ; à mon bonheur suprême
Il manqueroit..... il manque un point trop important :
Ce combat, ce regret, pour un cœur qui vous aime ;
Ainsi que pour le vôtre, est un trop long tourment.
Je dois oser, dans mon ardeur extrême,
Vous justifier à vous-même.

ASTÉRIE.

Eh ! sur quoi fondez-vous l'espoir
D'y réussir jamais ? si l'on vient à savoir
Un changement si prompt, après mon désespoir,
Qui croira ma douleur, même mon innocence ?
Que dira-t-on enfin ?

COMÉDIE.

LÉONIDE.

Qu'à l'auſtère décence
On ne vit jamais rendre un ſi flatteur tribut ;
Mais qu'un cœur trop ſenſible & ſans expérience,
Sans meſure, paya les bienfaits qu'il reçut.

ASTÉRIE.

Ah ! quand je vous entends, je me crois moins coupable :
Par quel charme inconcevable
Savez-vous me perſuader ?
Par quel pouvoir inévitable,
La raiſon, le devoir, tout doit-il vous céder ?....
Mais l'Univers enfin penſera-t-il de même ?

LÉONIDE.

Et l'Univers eſt-il quelque choſe pour nous ?

ASTÉRIE.

Mais enfin, ſi, manquant de toute expérience,
Je me laiſſois aller à trop de confiance,
Si je devois me défier de vous ?

LÉONIDE.

Soupçon affreux ! douter que je vous aime !
Ah ! mon malheur ſeroit extrême.

ASTÉRIE.

Eh bien ! je m'en rapporte à votre bonne foi.

Parmi mes Citoyens, que dira-t-on de moi?
Vous n'osez prononcer?

LÉONIDE, *d'un ton embarrassé.*

Si vous daigniez me croire,
Un moyen sûr, calmant ce vain effroi,
Contenteroit l'amour, sauveroit votre gloire;
Loin de ces tristes lieux......

FROSINE, *qui se rapproche vivement, ainsi que Forbas.*

Ah! rien n'est plus prudent,
C'est le seul parti raisonnable,
Forbas & moi, nous voulions à l'instant,
Vous donner un avis semblable.

FORBAS.

Dans un petit conseil que nous tenions tous deux,
Nous disions, il est vrai, que ce désert sauvage
Paroissoit pour l'hymen d'un funeste présage,
Et que des climats plus heureux
Conviendroient bien mieux aux doux nœuds
Dans lesquels l'amour nous engage.

FROSINE.

Ma charmante Maîtresse, eh bien! qu'attendons-nous?
Quittons cette affreuse retraite;
Ma foi, notre jeunesse est faite

COMÉDIE.

Pour des amusemens plus doux,
L'Amour s'est déclaré pour nous,
Livrons-nous à ce qu'il souhaite.
Qui peut encor nous arrêter,
Et si Léonide vous aime,
  Qu'avez-vous à redouter ?

ASTÉRIE.

Frosine.... Ah! mon malheur extrême
Seroit à présent d'en douter.

LÉONIDE, *à ses genoux.*

Je jure par l'Amour, par les Dieux, par vous-même,
Que votre seul bonheur est l'objet de mes vœux.
  J'y consacre toute ma vie :
  S'il ne dépend que de mes feux
  Les Dieux vous porteront envie.

(*Ils continuent de se parler avec tout l'intérêt que leur inspirent leurs sentimens.*)

FROSINE, *à Forbas.*

Pour nous, tu fais le pacte qui nous lie,
Et tu prévois ton sort, si tu viens à changer.

FORBAS.

Tu crains bien que je ne l'oublie.
Vas, je te trouve trop jolie,
Pour n'en pas courir le danger.

LES VEUVES,

LÉONIDE. *d'une voix plus élevée.*

Confentez au départ.

ASTÉRIE.

Hélas ! il le faut bien.
Vous connoiffez votre avantage,
Et quand je dirois, non; vous n'en croiriez plus rien.

LÉONIDE.

O bonheur ? ô divin préfage !
Pour donner ordre à tout, je cours à mon vaiffeau.

FROSINE.

Et moi, pour apporter notre petit bagage,
Pour la dernière fois, je retourne au tombeau.

FORBAS.

Nous nous retrouverons tout-à-l'heure au rivage.

Fin du fecond Acte.

ACTE III.

(*Le Théâtre repréſente l'entrée de la retraite des Veuves. C'eſt une grotte, au fond de laquelle on apperçoit le monument: des arbres diſpoſés comme ceux d'une forêt, accompagnent la grotte & en ombragent les environs.*)

SCENE PREMIERE.

ASTÉRIE, FROSINE.

(*Elles ſortent de la grotte. Froſine porte ſous ſon bras une petite caſſette & quelques hardes.*)

FROSINE.

Allons, Madame, allons. Un peu de confiance :
 Ne vous faites plus violence.
Laiſſons dans ce tombeau les regrets, les ſoupirs,
La triſteſſe, l'ennui, les pleurs, l'inquiétude,
 Et faiſons notre unique étude
 De jouir des nouveaux plaiſirs,
 Qu'un deſtin plus doux nous apprête.

Mais vous rêvez encor. Qu'eſt-ce qui vous arrête ?
Timidité ? crainte ? deſirs ?

ASTÉRIE.

Froſine, je ne ſçai, quel trouble dans mon ame,
Combat de plus en plus l'aſcendant du bonheur.
Oui, j'en conviens : la première douleur....

FROSINE.

Nous emporta trop loin, fut ſûrement trop forte.

ASTÉRIE.

D'un cœur reconnoiſſant ce fut l'illuſion.

FROSINE.

Un ſentiment plus naturel l'emporte.

ASTÉRIE.

Je devrois redouter ſa vive impreſſion ;
Mais, tu le ſais, je n'eus point l'habitude
De ces loix que l'uſage impoſe au ſentiment.
J'ai vécu dans la ſolitude ;
J'ignorois tout. Hélas ! apparemment
Moins on connoît, plus on ſent vivement.

FROSINE.

Raſſurez-vous : votre ame eſt innocente & pure.

COMÉDIE.

ASTÉRIE.

J'avois suivi, sans art, sans imposture
Un mouvement, sans doute exagéré.

FROSINE.

Et par les soins de la Nature,
Bientôt tout sera réparé.

ASTÉRIE.

Je le souhaite au moins.

FROSINE.

Moi, je vous en assure.
D'un avenir charmant prévoyez la douceur.

ASTÉRIE.

Mais.....

FROSINE.

Quoi ? mais, quelque chose encor vous embarrasse ?
Allons. Épanchez-vous. Il faut dans votre cœur,
Détruire ici jusqu'à la moindre trace,
De tout ce qui pourroit troubler votre bonheur.

ASTÉRIE.

Et si ce bien que Frosine envisage,
Troublé par quelque coup du sort.....

LES VEUVES,

FROSINE.

Je ne vous comprends pas. Quel est ce noir présage?

ASTÉRIE.

Je n'ose te le dire.

FROSINE.

Allons, prenez courage.

ASTÉRIE, *en hésitant.*

Si mon mari n'étoit pas mort ?
S'il étoit sauvé du naufrage ?
Enfin, si par quelque hasard,
Il nous rencontroit quelque part ?
O Dieux ! que deviendrois-je ? ô Dieux ! & Léonide ?

FROSINE.

Je ne devinois pas ; mais soyez moins timide.
Une vaine chimere occupe votre esprit
 Et cet effroi que l'Amour a fait naître,
  L'amour l'aura bientôt détruit.
Zélotidès est mort sans contredit,
 Et s'il ne l'est pas, il doit l'être.....
 J'entends près de nous quelque bruit.

ASTÉRIE.

Ah ! c'est Léonide sans doute
Que son impatience amène sur nos pas.

COMÉDIE.

FROSINE *regarde à plusieurs fois.*

Cela doit être : mais... ne nous trompons-nous pas ?
N'est-ce pas un Vieillard qui vient par cette route ?

ASTÉRIE.

Un Vieillard !.... je frémis.

FROSINE.

Ah ! j'apperçois aussi
Des Esclaves chargés d'une caisse pesante.

ASTÉRIE.

Chaque mot que tu dis, me remplit d'épouvante.
Fuyons.

FROSINE.

Il n'est plus temps. Ils sont trop près d'ici.

ASTÉRIE.

Cachons-nous.

FROSINE.

On nous voit.

ASTÉRIE.

Mais quel est.....

FROSINE.

Ah ! Madame.

ASTÉRIE.

Un trouble affreux s'élève dans mon ame.

FROSINE.

Ce Vieillard, c'est l'ami du défunt.

ASTÉRIE.

Qui ? Gnaton ?

FROSINE.

Ce bagage qui suit a lieu de me surprendre,
Qu'annonce-t-il ?

ASTÉRIE.

Que vient-il nous apprendre ?

FROSINE.

Ne pouvoit-il au moins quelques instans attendre ?
N'importe. Allons. De ce triste embarras
Sortons avec honneur ; mais changeons de visage.
Quelques sanglots encor, encor quelques hélas.
Force nous est d'en reprendre l'usage,
Et l'étiquette du veuvage.
Que voulez-vous ? il faut de notre mieux,
Soutenir un moment ce triste personnage.
Froncez donc le sourcil. Laissez tomber vos yeux :
Traînez les sons d'une voix lamentable,

Pour nous aider un peu, ce voile favorable,
Saura nous dérober aux regards curieux.

SCENE II.

ASTÉRIE, FROSINE, GNATON.

(Quelques Esclaves portent une caisse assez grande. Ils la placent au fond du Théâtre à l'entrée de la grotte.)

GNATON à *Astérie*.

O LA gloire d'Éphèse! ô Veuve sans égale!
O l'immortel honneur de la foi conjugale,
Dont l'histoire, à jamais, consacrera les pleurs!
Pardonnez si je viens ranimer vos douleurs:
Un devoir... d'amitié... me fait ici me rendre;
　C'est à regret. Je n'ai pu m'en défendre.
Deux intimes amis, des malheureux époux,
Que vous regrettez tant, que nous regrettons tous,
　Après avoir, dans le naufrage,
Tout fait pour les sauver, furent dans leurs efforts,
　Recouvrer tout au moins les corps
　De ces victimes de l'orage.
Je vous remets ces dépôts précieux.
Leurs desirs est bientôt de paroître à vos yeux;

Car ils ne sont pas loin... & pour calmer vos larmes;
Ils se flattent qu'enfin les soins qu'ils auront pris,
Même en rendant plus vifs un moment vos ennuis,
A vos cœurs désolés offriront quelques charmes.

FROSINE, *bas à Astérie, qui se tait.*

Allons, Madame, efforçons-nous.
La circonstance presse, il faut, quoiqu'il en coûte,
S'y soumettre & pleurer. Commencez, c'est à vous.

ASTÉRIE, *en hésitant & bas.*

Que dire ?

FROSINE, *bas.*

Un mot au moins.

ASTÉRIE.

Du sort de mon époux,
Seigneur, il n'est donc plus de doute.

FROSINE, *bas.*

Fort bien.

GNATON.

Hélas !

FROSINE.

Les Dieux sont les maîtres du sort.

COMÉDIE.

GNATON.

Oui : tout leur eſt ſoumis & la vie & la mort,
Les peines, les plaiſirs.

FROSINE *à ſa Maîtreſſe, bas.*

Courage, allons.

GNATON.

Peut-être
Le temps pourra.....

ASTÉRIE, *héſitant.*

Le temps ?.. jamais ne ſera maître...
Du ſentiment que je garde en mon cœur.

(*Pendant cette Scène, & dans ce moment, les deux maris ſortent de la caiſſe qui les renfermoit, & qui, placée dans le fond du Théâtre, les cache & leur donne lieu, ſuivant les incidens, de ſe montrer ou de ſe cacher. C'eſt de ce jeu de théâtre, de l'intelligence & du talent des Acteurs que dépend abſolument l'effet de cette ſcène, & l'on ne peut en déſigner toutes les nuances & les détails.*)

FROSINE, *feignant de pleurer.*
(*bas à Aſtérie.*)
A merveille ! à mon tour. (*haut.*) Hélas ! à ſon ardeur,

Il semble qu'en notre ame il ne fait que de naître.

GNATON, *élevant un peu la voix, & regardant à la dérobée les deux maris.*

O trop heureux époux ! des Dieux que la faveur,
Me puisse-t-elle ici, ranimant votre cendre,
Faire voir à votre ombre un spectacle aussi tendre !

FROSINE.

Ah ! de grace, épargnez des souhaits effrayans :
Je mourrois de frayeur de voir ces revenans,
Notre vœu qui, sans doute, au gré de notre envie,
S'accomplira bientôt, terminant nos malheurs,
Tarira, sans cela, la source de nos pleurs.

GNATON.

Comment, comment sur votre vie,
Aviez-vous donc formé quelque fatal projet ?

FROSINE, *bas.*

Sanglotez donc, Madame, & parlez, s'il vous plaît.

ASTÉRIE.

Seigneur, rejoindre ce que j'aime,
Est à présent sur-tout notre desir extrême.

FROSINE, *en sanglotant.*

Et desir bien permis..... voilà notre secret.

ZÉLOTIDÈS,

COMÉDIE.

ZÉLOTIDÈS, *à part, avec des signes de satisfaction.*

Mignonne, & pour te satisfaire,
Tu n'auras que deux pas à faire.

FROSINE *fait un cri de frayeur, parce qu'elle entend quelque son, & les Vieillards se cachent.*
Aih! aih! aih!....

ASTÉRIE.

Qu'est-ce donc?

FROSINE.

J'ai cru du fond du bois
Entendre, en vérité....

ASTÉRIE.

Quoi?

FROSINE.

Le son de leur voix.

ASTÉRIE.

(*bas.*)
Ce sera Léonide? (*haut.*) Ah! que je suis à plaindre!

GNATON, *souriant de temps en temps, en tournant un peu la tête.*

Non, je vous garderai: vous n'avez rien à craindre.

R

D'ailleurs, ils n'étoient pas méchans,
Et les morts, croyez-moi, font de très-bonnes gens.

FROSINE.

Je l'ai toujours pensé.

GNATON.

Reprenez donc courage.

FROSINE.

Nous n'en manquerons plus, il suffit, & bientôt
Nous en aurons, Seigneur, autant qu'il nous en faut.
Laissez-nous en le soin, regagnez le rivage.

ASTÉRIE, bas.

De grace, presse-le. Nos Guerriers vont venir.

FROSINE, à Gnaton.

Seigneur, épargnez-nous, la gêne, le supplice,
D'un entretien qui nous fera mourir.

ZÉLOTIDÈS à Straton.

Straton, sens-tu bien le délice,
Dont mon projet te fait jouir?

STRATON.

Il a passé mon espérance
Et j'en suis vraiment stupéfait.

COMEDIE.

FROSINE.

A nos douleurs, laissez-nous, s'il vous plaît.

GNATON.

Adieu, modèles de constance ;
Le Ciel à ces douleurs doit un soulagement,
Et j'en prévois la récompense.

FROSINE.

Nous l'attendons de votre absence.

ZÉLOTIDÈS.

Straton, c'est un pressentiment.

(*Frosine fait signe de s'en aller à Gnaton, qui s'arrête encore pour les regarder.*)

STRATON.

Il suffit, & je me retire.

(*Alors Gnaton s'éloigne effectivement, en passant près des Maris, qu'il félicite avec des gestes d'admiration pour les Veuves, & en les pressant d'aller les embrasser.*)

ZÉLOTIDÈS à Straton, qui veut s'avancer.

Vas donc, vas donc tout doucement.
Straton ne perdons rien de ce qu'elles vont dire.

SCENE III.

ASTÉRIE, FROSINE, ZÉLOTIDÈS, STRATON.

(Frosine regarde si Gnaton est assez loin ; ensuite elle leve son voile avec impatience, & court lever aussi celui de sa Maîtresse.)

FROSINE, *avec une expression de joie.*

AH ! le voilà parti ! l'importun babillard.
Pour en être plus sûr suivons-le du regard.

ASTÉRIE.

Quelle gêne ! quel martyre !
En vérité, Frosine, à peine je respire.

FROSINE.

Bon, je ne le vois plus : puisse-t-il pour jamais
S'éloigner de ces lieux ! cessons de nous contraindre :
Tout va, Madame, au gré de nos souhaits.

ASTÉRIE.

Dieux ! qu'il m'en a coûté pour feindre !

FROSINE, *en embrassant sa Maîtresse.*

Ma charmante Maîtresse, allons, plus de remord.

COMÉDIE.

Et de ce contretemps, gardons de nous plaindre,
Le devoir & l'amour font à préfent d'accord.

(Zélotidès & Straton qui s'avançoient, s'arrêtent, marquent leur furprife, & se retirent vers le fond en se parlant à baffe voix.)

ZÉLOTIDÈS.

Straton.

STRATON.

Seigneur.

ZÉLOTIDÈS.

Qu'eft ceci?

STRATON.

Je l'ignore.

ZÉLOTIDÈS.

Ouf. Écoutons encore.

FROSINE.

Ah! que le cher Gnaton, d'un terrible embarras,
Soulage notre confcience !
Madame, avouons-le, tout bas,
A nos défunts bien morts, nous devons, je le penfe,
En vérité, quelque reconnoiffance,
De ce qu'ils ont la complaifance,
De venir après leur trépas,

Honorer de leur présence
Des nœuds.....   (*Elle rit.*)

ZÉLOTIDÈS, *bas.*

Des nœuds !

FROSINE.

Qu'ils n'approuveroient pas.

STRATON, *bas.*

Ah ! traîtresse !

ZÉLOTIDÈS.

Ah ! perfide !

(*Comme il avance, on entend le bruit de plusieurs personnes qui arrivent précipitamment, & les Maris se cachent au plus vîte, Straton sur-tout en entraînant son Maître.*)

FROSINE.

Bon, voici nos Guerriers : j'apperçois leurs Soldats.

STRATON.

Des Soldats ! des Guerriers ! cachons-nous : parlons !

ASTÉRIE.

C'est lui-même. C'est Léonide.

COMEDIE.

SCENE IV.

(Les Soldats de Léonide & une troupe de Matelots remplissent la Scène. Les Maris sont à l'entrée de la grotte, cachés à l'abri de la caisse, & se montrent quelquefois avec des marques de frayeur & des expressions de curiosité.)

ASTÉRIE, FROSINE, LÉONIDE, FORBAS.

LES DEUX MARIS, *à part.*

ASTÉRIE *allant au-devant de Léonide.*

LÉONIDE!

LÉONIDE *lui baisant la main avec tendresse.*

Astérie!

FORBAS.

Ah! Frosine!

FROSINE.

Ah! Forbas!

Bon-jour.

LES VEUVES,

FORBAS.

Bon-jour.

LÉONIDE.

Qui peut vous arrêter, Madame?
L'impatience de ma flamme
Me fait vous reprocher ce long retardement.
Le plus léger soupçon de votre indifférence
Devient pour moi le plus cruel tourment.

ASTÉRIE.

Je partageois, Seigneur, les tourmens de l'absence :
J'allois vous joindre enfin, lorsque de mon mari
Un vieux ami, causant ma vive impatience,
Est venu m'apporter ici
De sa mort & de son naufrage,
L'irrévocable témoignage ;

(*Avec une joie naturelle.*)

Et je suis veuve enfin, sans en pouvoir douter.

ZÉLOTIDÈS *à Straton, en s'avançant un peu,*
mais avec crainte.

Montrons-nous. Vengeons cet outrage.

STRATON.

Seigneur, c'est trop tard nous montrer.
Nous avons contre nous l'Amour & cette escorte ;

COMÉDIE.

En vérité, la partie est trop forte.

LÉONIDE, *qui continue de parler à Astérie, avec tendresse.*

O comble du bonheur! ô Dieux! je suis aimé.

FORBAS *à Frosine, en faisant vers le fond quelque pas qui font retirer les Maris.*

Frosine, est-ce là ton bagage?
Il faut le transporter, sans tarder davantage.

FROSINE, *en riant.*

Eh! non. Dans ce triste équipage
De nos pauvres défunts, c'est le corps embaumé,
Que tu vois renfermé.

FORBAS.

Ma foi, qu'il reste. Bon voyage!

(*Léonide & Astérie parlent bas vivement.*)

ASTÉRIE.

Mais si Gnaton revient & ne nous trouve pas?
S'il nous voyoit partir.... hélas!
Pour me punir & flétrir ma mémoire,
Par tout le monde il répandra
Cette aventure, aux dépens de ma gloire.
Le monde est bien méchant, Seigneur, on le croira.

FROSINE, *vivement & gaiment.*

Eh bien ! nous vivrons dans l'hiſtoire ;
D'ailleurs, que voulez-vous ? Eſt-il contre ce mal
Quelque moyen ?

FORBAS.

Attends... il m'en vient un... Écoute.
Brûlons ces corps.

FROSINE.

Fort bien.

STRATON, *bas.*

Fort mal, ſans doute.

FORBAS.

Puis tout près du bûcher fatal,
Vos voiles étalés diront, ſans qu'on en doute,
A la Grèce, aux Gnatons, que l'amour conjugal,
Pour s'immortaliſer, a choiſi cette route.

LÉONIDE *à Aſtérie, avec ſoumiſſion.*

L'ordonnez-vous ?

FROSINE.

Sans doute.

ASTÉRIE.

Ah ! ne demandez pas....
Si pourtant....

FROSINE.

Ce moyen peut seul vous satisfaire.

FORBAS.

Il est indispensable.

ASTÉRIE.

Hélas !
Puisqu'il le faut....

LÉONIDE, à Forbas.

Fais-en donc ton affaire,
(*bas.*)   Ou plutôt, songe Forbas,
Qu'un prompt départ est le plus nécessaire....
(*haut à Astérie; en l'emmenant.*)
Madame, ici, n'arrêtons plus nos pas.

ZÉLOTIDÈS à *Straton*, *bas.*

Je t'arrêterois bien, si je ne tremblois pas.

SCENE V.

ZÉLOTIDÈS, STRATON.

(Tous les deux sortent en tremblant de la grotte, où ils se tenoient cachés, & où ils se retiroient.)

STRATON.

Pour moi, je n'ai garde d'attendre,
Ces honneurs que l'on veut me rendre.
Sur ce point je ne suis nullement entêté ;
Et tout mort que je suis, j'ai la plus forte envie
De voir mon ombre en sûreté.
De l'air dont ils ont pris cette plaisanterie,
La feinte pourroit bien tourner en vérité.

ZÉLOTIDÈS.

De cette noire perfidie
Aurois-je pu soupçonner Astérie ?

STRATON, *ironiquement*.

La pauvre femme, hélas ! quelle fidélité !

ZÉLOTIDÈS.

Maudite soit cent fois ma curiosité !

COMÉDIE.

STRATON.

Je vous le difois bien. Ah! la belle ambaſſade!...
N'imaginez-vous pas quelqu'autre maſcarade?

ZÉLOTIDÈS.

Non; je cours dans Éphèſe armer tous nos amis.

SCENE VI ET DERNIÈRE.

ZÉLOTIDÈS, STRATON, GNATON
qui accourt.

GNATON.

Il n'eſt plus temps. Les Amans ſont partis.

ZÉLOTIDÈS.

Et pourquoi donc, dans cette circonſtance,
N'êtes-vous pas venu ſeconder ma vengeance?

GNATON.

Votre intérêt a retenu mon bras;
Nous aurions riſqué le trépas :
Et pour qui? pour des infidèles.

STRATON, *à ſon Maître.*

La faute vient de nous, Seigneur, & non pas d'elles.

ZÉLOTIDÈS.

Sexe ingrat & léger, je maudis tes appas.

STRATON.

Fort bien. C'est ainsi qu'on se venge
Lorsqu'en amour on ne réussit pas.

ZÉLOTIDÈS.

J'y renonce à jamais.

STRATON.

Il vous rend bien le change.
Puisse tout insensé, curieux & jaloux,
Éprouver tôt ou tard même destin que nous !

Au Public.

Messieurs, tirez profit de notre extravagance.
Sur les points délicats, souvenez-vous en bien,
Soyez contens de l'apparence ;
N'approfondissez jamais rien.

FIN.

MILON,
INTERMÈDE PASTORAL,
EN UN ACTE, EN VERS.

NOTE
POUR L'INTERMÈDE
INTITULÉ *MILON*.

Cet Intermède, qui forme une petite Pièce pastorale à deux Acteurs, doit tout ce qu'il peut avoir d'agréable à une Idylle charmante de Gesner.

Je composai, premièrement, cet ouvrage pour être moitié récité & moitié chanté. La Musique fut faite par une Dame aussi recommandable par les qualités de son ame, que par la supériorité de son talent.

Ce même sujet parut propre depuis à être exécuté à la campagne par de jeunes Acteurs, dont la grace naturelle pouvoit faire excuser la foiblesse de l'ouvrage. Je le donne, parce qu'il pourroit encore servir à de pareils amufemens. La Scène peut être difpofée à peu de frais avec des feuillages.

Il faut que l'oifeau (perfonnage muet, indifpenfable dans cette Comédie,) foit un oifeau véritable. L'accident que le chapeau doit éprouver par l'effet du vent, s'effectue à l'aide d'une petite ficelle, avec laquelle, de la couliffe, on fait renverfer à propos le chapeau, & l'on donne moyen à la Fauvette de s'échapper.

J'avois compofé l'air de la Chanfonnette de Milon; mais on en compofera aifément un meilleur que le mien. On peut employer un morceau de fymphonie pour aider à exprimer l'effet du vent & de l'orage; fi l'on veut s'en paffer, ce qui feroit beaucoup plus conforme au caractère fimple de l'ouvrage, on trouvera aifément à imiter le bruit phyſique du vent, de la pluie & du tonnerre.

En voilà beaucoup ſur un ſi petit objet. L'intérêt que m'inſpire tout ce qui appartient à un Poëte aimable avec lequel je ſuis lié depuis long-temps, par une amitié fondée ſur le goût des mêmes Arts, eſt toute mon excuſe.

ACTEURS.

MILON.

CLOE.

NOTE.

L'Intermède de Milon étoit précédé d'un Prologue. L'Amour, après quelques détails abfolument relatifs à la fociété dans laquelle cette petite pièce a été jouée, faifoit part du projet qu'il avoit formé d'infpirer à Cloé la jaloufie qui fait le fujet de cette petite Comédie.

MILON,
INTERMÈDE PASTORAL.

SCENE PREMIERE.

(Le Théâtre représente un bois où coule un petit ruisseau bordé de joncs & d'osiers. Milon, jeune Villageois, paroît. Cloé, qu'il ne voit pas, le suit en prenant garde qu'il ne la voie. Elle paroît jalouse: elle approche pour écouter, & se cache, à l'aide des petits buissons & des arbres.)

MILON, CLOÉ.

MILON.

(Il paroît attendre & chercher à appercevoir dans le bois ce qu'il desire avec impatience.)

C'EST ici justement que je dois la trouver:
Près du petit ruisseau qui coule en ce bocage,
Elle vient tous les soirs reposer à l'ombrage;
Elle aura beau crier, & faire la sauvage,
    Par mes soins, mon joli langage,
Je saurai bien l'apprivoiser.

MILON,

Ce n'eſt pas mon apprentiſſage.......
Taiſons-nous pour mieux obſerver.

(*Il s'aſſied.*)

CLOÉ *qui, pour écouter, s'eſt approchée, ſur la pointe du pied, en prenant bien garde d'être vue.*

Milon me tromperoit!.... Milon feroit volage.
O Dieux !....

MILON, *qui s'étoit aſſis, croyant entendre quelque bruit, ſe lève pour regarder dans le bois : ce mouvement fait éloigner Cloé, qui ſe cache derrière un petit buiſſon.*

J'entends. Non, non ; c'eſt le feuillage
Que l'air agite. Il fait un peu de vent.
(*Il met la main ſur ſon ſein.*)
Oh! comme mon cœur bat !

CLOÉ, *à part.*

Qu'il eſt impatient !

MILON.

Hier je vins trop tard, & ce fut bien dommage.
C'étoit là qu'elle étoit.. Pour le coup, je l'entends.
(*Il ſe lève & s'enfonce dans le bois.*)
Je l'appercois. Courons.

SCENE II.

CLOÉ *seule, bien affligée.*

Le méchant ! le volage !
« C'étoit là qu'elle étoit... » à préfent je comprends
Ce qui, depuis deux jours, l'éloigne du village.
Il aime.....

(*En fanglottant.*)

Il aime une autre ; il trahit fes fermens.
Pauvre Cloé ! devois-tu donc t'attendre
A ce funefte changement ?
Quel malheur d'avoir un cœur tendre
Et d'aimer un perfide Amant !
Pleurons... Non ; livrons-nous plutôt à la colère :
Il mérite ma haine ; il trahit fa Bergère.
Le cruel ! l'ingrat ! le méchant !
Ah ! je veux le haïr, autant.....
Autant qu'il avoit fçu me plaire....
C'eft beaucoup, beaucoup cependant....

(*Elle fe radoucit.*)

Eh ! le pourrois-je ? hélas ! de mon penchant
Je lui faifois trop de myftère.
Il ignoroit combien je l'adore en fecret.
J'ai tort. S'il l'avoit fû, peut-être
Il n'auroit pas changé ; mais auffi, lorfqu'on plaît,

Ne doit-on pas mieux s'y connoître ?
Quel est donc l'objet si charmant,
Qui le rend infidèle ?
Plus que moi Célimène est belle,
Philis a plus d'esprit, Iris plus d'agrément ;
Mais qui pourra l'aimer autant ?
Ah ! je craindrois plutôt la coquette Florise.
Oui, oui. Car l'autre soir, je rappelle en effet,
Que par hasard je l'ai surprise
Près de Milon qu'elle agaçoit.
Elle parloit d'Amant discret
Et du charme, sur-tout, qu'a cet épais ombrage.
Souvent, dit-elle, elle y venoit
» Rêver, dormir, au bord de ce rivage. «
Je sentis un trouble secret.
Pour le cacher, je louai le ramage,
Des Fauvettes de ce bosquet.
Milon, embarrassé, distrait,
Aussitôt se leva, sortit, & c'est, je gage,
Alors qu'il forma son projet.
Ils sont ensemble, hélas ! mon malheur est complet.

SCENE III.

MILON *dans le bois*, CLOÉ *sur la scène,*
& tâchant d'appercevoir où est Milon.

MILON *haut & satisfait.*

J'AVOIS bien dit que c'étoit elle.

CLOÉ.

C'est elle. Oh! je me meurs. Hélas!

MILON.

Je te tiens pour le coup. Il n'est plus temps, ma belle
De te défendre. Non, tu n'échapperas pas.

CLOÉ.

Ah! c'en est fait! il la tient dans ses bras.
O trahison!

MILON.

Ah! petite. Ah! charmante!
Tu feras mon bonheur & je ferai le tien.

CLOÉ.

Berger trop cruel! eh! le mien?...
Quelle découverte fatale!

J'ai perdu ma félicité.
Me montrerai-je à ma rivale ?
Fuirai-je ?.. Ah ! je ne puis. Dieux ! quelle cruauté !

MILON, *qui se rapproche de la scène, mais encore caché.*

Que de plaisir ! que je suis aise !
Permets encore que je te baise.

CLOÉ.

Il la caresse ; & le plus affligeant,
Ce que je ne saurois comprendre,
C'est que, bien loin de se défendre,
Elle ne jette pas, pas un cri seulement.
Ils sont d'accord..... ils sont d'intelligence.
Non, non ; ce n'est pas d'aujourd'hui...
Ils s'approchent. Comment soutenir leur présence ?
Ah ! les voici.

(*Elle ne voit que Milon.*)

Mais, mais..... que faut-il que je pense ?
Milon est seul ; oui, seul, je ne vois avec lui
Qu'un petit oiseau qu'il caresse.
Ah ! je respire un peu. Mon cœur est moins pressé.

SCENE IV.

MILON, *sautant de joie, & ne voyant que son oiseau.*

ELLE t'aura, ma charmante Maîtresse.
Amour, amour ! c'est celle que tu sçais.

CLOÉ, *qui avoit fait effort pour se lever, & qui s'approchoit, s'arrête à ces mots & se retire.*

Celle qu'il sait !.... nouvelle crise.
Rien n'est si clair ; oui, c'est Florise.
Et je ne m'étois pas méprise.
Si c'étoit moi, n'eût-il pas dit mon nom ?
Il ne chercha jamais pour cela de tournure :
Mille fois le jour, le parjure,
En parlant, en chantant, le disoit si bien !... non,
Ce n'est pas moi ; je le vois, j'en suis sûre.

MILON.

Ah ! mon gentil oiseau, ma petite Fauvette,
Ne t'effarouche pas, & tranquillise toi.
Ne te fâche point contre moi.
De tous deux la fortune est faite.

CLOÉ, *avec dépit un moment.*

A lui tordre le col que j'aurois de plaisir !

Je n'ai pas la force, je n'ose.....
Et puis..... elle n'est pas la véritable cause
De mes malheurs..... C'est à moi de mourir.
Mais cachons-nous ; qu'il n'ait pas l'avantage
De jouir de ma peine.....

MILON *à sa Fauvette, qui veut s'échapper.*

Ah ! tu veux fuir, tout beau,
Pour m'assurer de toi, faisons vîte une cage.
Voici des joncs sur ce rivage,
Vîte, vîte une cage, & puis, vîte au hameau.
Là du plus loin qu'on me verra paroître,
(*Tout en coupant des joncs, il fait sa petite histoire.*)

Je montre le gentil oiseau.
Et dans l'instant desirs de naître,
Desirs bien vifs, car l'objet est nouveau.
Mon amoureuse accourt ; (je crois déjà l'entendre.)
—»Le bel oiseau, Milon ! c'est pour moi, n'est-ce pas ?
—Pour toi ?.. cela se peut.. (Mais je la fais attendre.)
Elle rougit, & dit à demi-bas :
—»Je le veux.—A quel prix ?(Oh ! voilà l'embarras.)
—Eh bien ! ne sauroit-on apprendre
» Ce qu'il vous faut ? — un regard tendre,
Un sourire, un baiser; (combien j'en saurai prendre,
Si l'on m'en donne un seul !) Disputant sur le prix,
On saisit la cage, j'insiste :

On prie, on presse, je résiste.
On regarde, on sourit, & les baisers sont pris.
Ah ! gentille, aimable Fauvette,
Avec toi ma fortune est faite.

CLOÉ.

Et mon infortune est complette.

(Milon ayant coupé ses osiers, & prêt à travailler, place la Fauvette assez près de lui, sous son chapeau, puis s'assied.

MILON.

Toi, reste-là, sous mon chapeau.
Allons, à l'ouvrage, à l'ouvrage.
Vîte une cage,
Vîte au hameau.

(Il chante en travaillant.)

La Fillette,
Qui souhaite,
Fait espérer d'obtenir ;
Tandis qu'au desir
L'ame s'abandonne,
Pour celui qui donne,
Le cœur peut s'ouvrir.
C'est là, c'est là, Fillette,
Le moment, le moment qu'amour guette,
C'est là, c'est là l'instant qu'il faut saisir.

(On entend du vent, un commencement d'orage.)

Le temps change, le vent s'élève.
Ce n'eſt rien, il faut que j'achève :
Et quand on a le cœur content,
Qu'importe la pluie & le vent ?

(*Il reprend ſa chanſon, & l'interrompt à cauſe de l'orage.*

La Fillette.....
Qui ſouhaite.....
Fait eſpérer d'obtenir.....

(*L'orage augmente.*)

Oh ! voici vraiment de l'orage.
Emportons ailleurs notre ouvrage,
Et ces oſiers, que je viens de couper.....
Et mon oiſeau, vraiment s'il alloit s'échapper.

(*Comme il ſe leve & s'approche de ſon chapeau, le vent le renverſe, & la Fauvette s'envole.*)

(*Bien affligé.*)

Ah ! ma Fauvette ! Ah ! ma Fauvette.
Ah ! quel malheur ! Ah ! je ſuis déſolé.
Mon infortune eſt complette.
Mes baiſers, mon bonheur, tout, tout s'eſt envolé.

SCENE V ET DERNIÈRE.

CLOÉ, MILON.

(*Cloé se montre tout en colère.*)

MILON.

A H ! ma chère Cloé, c'est toi.

CLOÉ.

Moi ! ta Cloé, vas porter à ta belle
Tes beaux présens ; mais les Dieux sont pour moi :
Ils puniront aussi ta Florise.

MILON.

Et pourquoi ?

CLOÉ.

Méchant ! c'est que c'étoit pour elle,
Que tu te donnois tous ces soins.
Tu croyois bien n'avoir pas de témoins.

MILON.

C'étoit pour toi, Cloé.

CLOÉ.

Non, je ne suis pas celle

Que l'Amour fait, que tu ne nommes pas,
C'eſt Cloé, Cloé qu'on m'appelle ;
J'écoutois tout : j'ai ſuivi tout tes pas.
Tu ne m'as pas nommée, & la preuve eſt certaine.

MILON.

Hélas ! mon cœur te nomme à tout moment.
Un ſeul de tes deſirs en ce boſquet m'amène ;
Te ſouvient-il que de ce bois
Tu vantas la Fauvette ? en faut-il davantage ?
De tout ce qui te plaît, de tout ce que tu vois,
Je voudrois te faire l'hommage.
Mais Cloé......

CLOÉ, *à baſſe voix.*

Cloé perd courage.

MILON.

Refuſeroit tout, je le vois.

CLOÉ *un peu plus haut, en ſoupirant.*

Tout, ah ! non.... Mais ferois-tu bien ſincère ?

MILON.

Moi ! trompeur, injuſte Bergere,
Moi, qui mourrois plutôt que d'oſer te déplaire.
Et tu crois des ſoupçons ſi vains ?

CLOÉ,

INTERMÈDE PASTORAL.

CLOÉ, *s'adoucissant toujours.*

Je ne crois plus tant ; mais je crains.

MILON.

Injuste crainte, & funeste méprise,
Eh ! qui pourrois-tu redouter ?

CLOÉ.

Ce n'est donc pas la coquette Florise
Que tu venois ici guètter ?

MILON.

Non, c'est Cloé, que j'y veux arrêter.

CLOÉ.

Las ! tu le peux, sans me contraindre,
Promets d'aimer Cloé.

MILON.

Incapable de feindre,
Pour vivre & pour mourir ; j'attends ; hélas ! ta loi.
Fais cesser mon chagrin.

CLOÉ.

Cesse donc de te plaindre.
Tout, hors la Fauvette, est à toi.

T.

ÉPILOGUE DE MILON.

L'AMOUR, CLOÉ ET MILON.

L'AMOUR, *surprenant Cloé & Milon qui s'embrassent.*

Bien, mes petits amis.

CLOÉ.

Ah ! ah ! mauvaise langue !
C'est donc vous qui tantôt m'avez troublé l'esprit
Par votre maligne harangue ?

L'AMOUR, *en faisant semblant de pleurer.*

Pardon, pardon.....

CLOÉ.

L'espiégle !

MILON.

En pleurant même il rit.

CLOÉ.

Il semble bien malin, quoi qu'il soit bien petit.

L'Amour.

Vous le ferez avec moi davantage.
N'êtes-vous pas contens ?

Cloé et Milon.

Contens ? fans contredit.

L'Amour.

Savez-vous bien pourquoi ? C'est qu'un petit nuage
Fait paroître le ciel plus beau :
Ce secret pour vous est nouveau ;
Mais il est bon quelquefois en ménage,
Ressouvenez-vous-en comme d'une leçon.

Cloé.

Mais, à propos, comment vous nomme-t-on ?

L'Amour.

Tantôt menteur, tantôt sincère,
Nommez-moi votre petit frère,
Les jolis noms sont de mon goût.
Ils me vont bien & celui-là sur-tout
De tout point a droit de me plaire,
Allons jouer, allons caresser nos mamans.

Au Public.

Vous, Messieurs, excusez l'essai de nos talens ;

Mais fi vous n'êtes pas contens,
Foi d'Amour, je vous protefte,
Qu'avant qu'il foit encor long-temps,
Nous vous donnerons votre refte.

FIN.

DEUCALION ET PYRRHA,

OPÉRA

A GRAND SPECTACLE,

EN QUATRE ACTES, EN VERS,

COMPOSÉ EN 1765.

NOTE
SUR L'OPÉRA
DE DEUCALION
ET PYRRHA.

En 1764, un jeune Muſicien qui déſiroit perfectionner ſes talens en Italie, paſſa à Rome où j'étois. Il alloit à Naples. Il m'engagea à lui donner un Poëme qu'il pût mettre en Muſique à ſon retour à Paris. Je compoſai l'Opéra de Deucalion & Pyrrha. Le ſujet eſt riche en ſpectacle. On a employé cette raiſon, ou l'on s'en eſt ſervi pour ne pas exécuter l'ouvrage qui fut cependant répété & dont on imprima alors les paroles.

Pluſieurs parties de la Muſique ajoutèrent à l'opinion avantageuse que méritoit le Compositeur*.

Je pense qu'effectivement la pompe théâtrale & les machines se trouvent prodiguées dans cet Ouvrage; mais je crois aussi qu'avec les secours qu'offrent nos Arts ingénieux & exercés, l'on peut, sans une dépense excessive, exécuter ce grand spectacle.

Il seroit nécessaire que l'intelligence & le bon goût présidassent à cette exécution, pour que rien ne blessât les convenances, & pour que les moyens qu'on emploieroit ne nuisissent point à l'action : car dans les représentations de cette espèce, si les illusions de la peinture, celles des machines & de la pantomime bien employées produisent des effets attachans, ces moyens mal

―――――――――――――――
* M. Gibert.

conçus & mal adaptés, prêtent infailliblement au ridicule. Mais l'Opéra, qui doit tendre, autant qu'il est possible, à réunir tous les Arts, ne doit exclure que le bas & l'ennuyeux.

ACTEURS.

JUPITER.
APOLLON.
L'AMOUR.
PAN.
FLORE.
ZÉPHYRE.
ZÉPHYRS.
DIVINITÉS CHAMPÊTRES ET BIENFAISANTES.
NYMPHES, DRYADES ET SYLVAINS.
COMPAGNES DE FLORE.
FURIES.
TYPHON, Chef des Titans.
LYCAON, Roi de Thessalie.
PYRRHA, fille de Typhon.
DEUCALION, fils de Lycaon, amant de Pyrrha.
LE CHEF DES PRÊTRES.
CORYBANTES.
TITANS.
CHŒUR DE THESSALIENS.
CHŒUR DE THESSALIENNES.
GARDES.
SUITE DE LYCAON.

(*La Scène est en Thessalie.*)

DEUCALION ET PYRRHA,
DRAME LYRIQUE.

ACTE PREMIER.

(*Le Théâtre représente les campagnes de la Thessalie, désolées par les orages. L'ouverture annonce ce sujet, & dans le moment que la toile est levée, les Thessaliens effrayés & dispersés sur la scène, commencent le Chœur suivant, dont le motif doit être lié avec celui de l'ouverture, & en paroître la suite.*)

SCENE PREMIERE.
CHŒUR DES THESSALIENS.

Dieux terribles! appaisez-vous,
Ne détruisez pas votre ouvrage;
Détournez cet affreux orage:
O Jupiter, épargnez-nous!

SCENE II.

TYPHON, LE CHŒUR.

TYPHON.

Cessez vos importunes plaintes;
Cessez de m'irriter par vos vœux & vos craintes.

CHŒUR DES PEUPLES.

Vos mépris pour des Dieux jaloux,
Ont armé le Ciel en courroux.

TYPHON, *méprisant & audacieux.*

Il frappe moins qu'il ne menace.

LE CHŒUR.

La mort est moins que la terreur.

TYPHON.

Lâches! quelle frayeur vous glace!

LE CHŒUR.

Eh! contre l'excès du malheur,
Quel secours?....

TYPHON.

L'excès de l'audace.

SCENE III.

LYCAON, TYPHON, LES PEUPLES.

(Le tonnerre se fait entendre.)

L Y C A O N à *Typhon.*

Chef des invincibles Titans,
Souffrirez-vous toujours ces défis insultans?

T Y P H O N, *s'adressant au Ciel.*

Usurpateur des Cieux! Jupiter! tu nous braves,
Des Mortels, par l'effroi, tu te fais adorer.
  La crainte les rend tes Esclaves;
 C'est à Typhon de les en délivrer.
Oui, je renverserai cette vaine puissance;
Je saurai dissiper une aveugle terreur:
  J'établirai l'indépendance
  Sur les ruines de l'erreur.
Usurpateur des Cieux! Jupiter! tu nous braves,
Des Mortels, par l'effroi, tu te fais adorer,
  La crainte les rend tes Esclaves;
 C'est à Typhon de les en délivrer.
O Lycaon, tu sais qu'en déthrônant son père,
Jupiter m'a banni de la céleste Cour.

LYCAON.

Tyran du Ciel, il ravage la terre.
De Saturne opprimé, l'Enfer eſt le féjour.

TYPHON.

C'eſt aux fils de la terre à punir qui l'opprime,
Souffrir des forfaits eſt un crime ;
Saturne me devra de plus heureux deſtins,
L'Enfer jaloux, plus de puiſſance,
La terre une juſte défenſe,
Et les Mortels, des jours fereins.
Monarque de la Theſſalie,
A l'empire du monde élevez vos projets,
Uniſſons-nous pour hâter nos fuccès.

LYCAON.

Typhon, difpofez donc de mon fort, de ma vie.
Mais daignez Prince généreux,
Rendre mes jours à jamais glorieux,
Par un bienfait, objet de mon envie.

TYPHON.

Quels vœux puis-je accomplir ? quels defirs formez-vous ?

LYCAON.

Ah ! fi les nœuds de l'hymenée
De nos enfans joignoient la deſtinée ;

ET PYRRHA.

Vous combleriez mon espoir le plus doux.

TYPHON.

Deucalion ton fils, époufera ma fille,
J'y confens, & Pyrrha va connoître mon choix.

LYCAON.

Pour Lycaon, fon peuple, fa famille,
Que de bienfaits & d'honneurs à la fois !
Mais dans ces lieux mon fils avec Pyrrha s'avance.

TYPHON.

Satisfaifons l'Amour, & hâtons la vengeance.

SCENE IV.

(On voit s'avancer Deucalion & Pyrrha tendrement occupés l'un de l'autre.)

LYCAON, TYPHON, DEUCALION, PYRRHA.

TYPHON, *aux deux Amans.*

JEUNES Amans, fecondez nos projets.
Que ce jour a pour nous d'attraits !
Nous uniffons vos deftins & nos armes.
Vous mêlerez aux plaifirs les plus doux,

DEUCALION

Ceux de la gloire, en partageant les charmes
Que la vengeance aura pour nous.

DEUCALION ET PYRRHA.

Ah! quel bonheur vous venez de répandre
Dans nos cœurs, que l'Amour brûle des mêmes feux!
Quel charme de céder au penchant le plus tendre!
Quel charme d'obéir à qui nous rend heureux!
Vous unissez nos destinées.
Dieux! qu'elles seront fortunées!
Nos vœux & nos soins les plus doux
Vous rendront tous les biens que nous tiendrons de vous.
Ah! quel bonheur vous venez de répandre
Dans nos cœurs, que l'Amour brûle des mêmes feux!
Quel charme de céder au penchant le plus tendre!
Quel charme d'obéir à qui nous rend heureux!

PYRRHA.

Mais en nommant l'hymen vous annoncez la guerre.
De quels malheurs menacez-vous la terre?

TYPHON.

La terre applaudira nos projets glorieux;
Nous servons les Mortels, en attaquant les Dieux.

PYRRHA.

Les Dieux!... oubliez-vous leurs dons & leur puissance?

TYPHON.

TYPHON.

Vous-même oubliez-vous les droits de la vengeance,
Les maux, l'effroi que caufent des tyrans ?

PYRRHA.

Ah ! fi vous connoiffiez le Dieu qui, dans nos ames,
Exerce fon pouvoir en y portant fes flammes,
  Vous les verriez tous bienfaifans.
  Lui feul embellit la nature,
Féconde l'Univers, calme les élémens,
  Et rend la lumière plus pure.
Depuis que nous aimons, ô fortunés momens !
  Tout nous charme, nous intéreffe ;
  Aux Dieux nous devons la tendreffe,
  Et vous nommez ces Dieux tyrans !
Ah ! fi vous connoiffiez celui qui, dans nos ames,
Exerce fon pouvoir en y portant fes flammes,
  Vous les verriez tous bienfaifans.

TYPHON.

Non, je ne vois en eux qu'un pouvoir qui m'offenfe ;
  Il n'eft qu'un Dieu pour nous,
  Celui de la vengeance ;
Qu'un feul malheur, l'affreufe obéiffance :
  Pour les cœurs fiers l'indépendance
Eft le premier des biens, & les renferme tous.

LYCAON.

Rétabliffons les fanglans facrifices

DEUCALION

Qui rendoient les Enfers propices.
Que leurs Dieux puiſſans & jaloux
S'arment pour nous !

DEUCALION ET PYRRHA.

Eh ! fur qui tombera le choix de vos victimes ?
O Ciel ! épargnes-nous des crimes.

SCENE V.

(Des Gardes conduiſent Jupiter & Apollon qu'ils ne connoiſſent pas.)

JUPITER, APOLLON *inconnus*, TYPHON, ET LES ACTEURS PRÉCÉDENS.

LYCAON, *aux Gardes.*

Que veulent près de nous ces Guerriers étrangers ?

JUPITER.

Échappés aux fureurs de l'onde.
Sans appui, ſans ſecours, craignant tous les dangers,
Nous demandons aſyle aux Souverains du monde.

APOLLON.

Protecteurs de l'humanité ;

Daignez agréer notre hommage.
Des Dieux, si les Rois sont l'image,
Nos jours sont en sûreté.

TYPHON.

L'immuable Destin, ou funeste, ou propice,
Dispose des Mortels. Demeurez dans ces lieux.
Nous préparons un sacrifice;
Vous connoîtrez bientôt votre sort & nos Dieux.

JUPITER, *d'un ton qui marque un courroux secret & suspendu.*

Que le Ciel favorable au culte qui s'apprête,
Daigne en votre faveur détourner son courroux!....
Ce sont nos vœux; faut-il que près de vous?....

TYPHON.

Vous assisterez à la fête.

(*Les Dieux s'éloignent entourés de Gardes. Ils marquent leur indignation pendant les vers qui suivent & qu'ils entendent.*)

LYCAON à *Typhon.*

O bonheur! ô présage heureux!
L'Enfer lui-même a choisi ses victimes.

TYPHON.

En servant nos projets, il les rend légitimes.

Hâtons nos succès glorieux.

DEUCALION.

Et vous accompliriez ce sacrifice affreux !

TYPHON.

Désirez un instant qui doit combler vos vœux.

(*Typhon & Lycaon sortent pour ordonner l'hymen & le sacrifice.*)

SCENE VI.

PYRRHA, DEUCALION.

DEUCALION.

NON, ce seroit être complices
Du meurtre & de l'impiété.
L'horreur ne peut s'unir à la félicité.

PYRRHA.

Pour notre hymen trop funestes auspices !
L'Amour gémit épouvanté.

DEUCALION.

Quoi ! tandis qu'épanchant nos ames innocentes,
Nous jouirions du bonheur le plus doux,
De deux infortunés, sous les haches sanglantes,

Le sang versé rejailliroit sur nous.

PYRRHA.

Dieux ! & si notre horreur pour ce forfait impie,
Irritoit des Prêtres cruels ?
S'ils proscrivoient tes jours ?

DEUCALION.

S'ils menaçoient ta vie ?

(*Deucalion & Pyrrha chantent ensemble.*)

O fureur sacrilége ! ô coupables Mortels !
Dieux des cœurs vertueux, conservez ce que j'aime,
Et que votre pouvoir suprême
Protége & prolonge ses jours,
Pour être aimé sans cesse, & pour m'aimer toujours !

DEUCALION.

De ces infortunés courons calmer les peines :
S'il est possible encor, allons rompre leurs chaînes.

SCENE VII.

(Au moment que Pyrrha & Deucalion veulent sortir, les jeunes Thessaliennes, qui viennent d'apprendre le mariage qu'on va célébrer, s'empressent de les féliciter, & de leur offrir leurs hommages & leurs présens.)

DEUCALION, PYRRHA, CHŒUR DE THESSALIENNES.

Le Chœur.

Mortels aimés, Amans heureux,
Recevez nos dons & nos vœux :
Du fort le plus digne d'envie
Goûtez le charme & la douceur ;
Ah ! c'est au printems de la vie,
Qu'aimer est le parfait bonheur.

(Les jeunes Thessaliennes forment des danses, & retiennent les deux Amans qui paroissent occupés d'aller remplir leur projet. Les jeunes Danseuses les parent de couronnes & de guirlandes, & forment des vœux pour les deux époux.)

CHŒUR *mêlé de danses.*

Que l'Hymen & l'Amour soient les Dieux de nos fêtes !
Ils forment & serrent vos nœuds :
De roses & de myrthe ils couronnent vos têtes ;
Leurs flambeaux vont s'unir pour accroître vos feux.

(*Des airs plus caractérisés annoncent les jeunes Thessaliens, armés pour la guerre que Typhon & Lycaon ont annoncée ; ils forment des évolutions militaires, après la marche sur laquelle ils arrivent. Les Thessaliennes, qui n'étoient instruites que de l'hymen, marquent leur surprise, leurs craintes, & s'efforcent de les désarmer.*)

CHŒUR DE THESSALIENNES.

L'appareil effrayant des armes
Jette le trouble dans nos cœurs.
Amour, Amour, à tes faveurs
Ne laisse pas mêler ces cruelles allarmes.

(*On entend une nouvelle Musique d'un caractère plus imposant ; elle annonce les Corybantes. Ils viennent pour le sacrifice. Ils expriment l'espèce de fureur qui les agite. Ils sont suivis de Typhon avec les Titans, & de Lycaon avec ses Guerriers.*)

SCENE VIII.

DEUCALION, PYRRHA, THESSALIENS ET THESSALIENNES, CORYBANTES, TYPHON, LYCAON, & leur suite.

(*On apporte & l'on place au milieu, mais vers le fond du Théâtre, un autel.*)

CŒur de Prêtres.	CŒur de Thessaliennes.
Que tout annonce les combats !	Amour, éloigne les combats.
Dieux de la guerre,	Ne souffre pas,
Dieux du trépas,	Ne souffre pas,
Devenez les Dieux de la terre.	Que ces Dieux défolent la terre.

SCENE IX.

LES ACTEURS PRÉCÉDENS, LE CHEF DES PRÊTRES.

LE CHEF DES PRÊTRES *à Typhon.*

PRINCE, aux autels quel sang destinez-vous ?

TYPHON.

Deux inconnus suspects vont être nos victimes.

PYRRHA.

Suspects, hélas ! leur malheur fait leurs crimes.

LYCAON.

Quel intérêt ?....

PYRRHA.

De grace, écoutez-nous.
Quel Dieu peut devenir propice,
Par le sang innocent, versé sur ses autels ?
Vous ont-ils offensés, ces malheureux Mortels ?

TYPHON.

L'Enfer attend un sacrifice.

DEUCALION ET PYRRHA.

Hélas ! hélas! la tendre humanité
De vos cœurs pour toujours est-elle abandonnée ?

SCENE X.

LES ACTEURS PRÉCÉDENS, GARDES *qui amènent Jupiter & Apollon enchaînés. Ils les placent près de l'autel; les Sacrificateurs s'arment de leurs haches.*

JUPITER, *aux Princes.*

Princes, quels sont vos droits sur notre destinée?

TYPHON.

La force & la nécessité.
Nos Dieux demandent des victimes.

JUPITER.

Les vœux plaisent aux Dieux : ils ont horreur des crimes.

LYCAON.

Saturne a réglé votre sort.

JUPITER.

Saturne a perdu sa puissance.

TYPHON.

L'Enfer prescrit la mort,

JUPITER.

Et le Ciel la vengeance.

(*Les Dieux rompent leurs fers & s'elèvent lentement dans les airs, où le tonnerre se fait entendre & que les éclairs embrasent.*)

TYPHON, *aux Sacrificateurs.*

Frappez, frappez & qu'ils soient immolés!

JUPITER.

Reconnoissez Jupiter & tremblez.

TYPHON ET LYCAON.

Tyrans de l'Univers!

PYRRHA ET DEUCALION *prosternés.*

Puissances favorables!

TYPHON ET LYCAON *à Deucalion & Pyrrha.*

Craignez notre vengeance.

PYRRHA ET DEUCALION, *aux Dieux.*

Épargnez les coupables.

APOLLON *dans les airs.*

Sur votre amour & vos vertus,

DEUCALION

Jeunes Mortels, fondez votre espérance.

PYRRHA ET DEUCALION.

Ah ! que nos vœux soient entendus !

TYPHON ET LYCAON.

Courons, volons à la vengeance.
Nos ennemis s'échappent de nos mains.
O rage !

PYRRHA, DEUCALION, LE CHŒUR
DES THESSALIENNES.

O mortelles allarmes !
O malheurs trop certains !

TYPHON, LYCAON, LES GUERRIERS,
LES CORYBANTES.

Prévenons-les. Courons aux armes,
Et décidons seuls nos destins :
Ils ont pénétré nos desseins,
Portons jusqu'au Ciel nos allarmes :
Même sans les Enfers décidons nos destins.

(*Les sacrifices sont interrompus, & lorsqu'on enlève l'autel, des bruits souterreins & effrayans se font entendre, & des feux sortent de la terre.*)

Fin du premier Acte.

ACTE II.

(*Une partie de la Scène représente une solitude agréable, ornée de bocages & de fontaines. On apperçoit dans l'éloignement les grottes où le Dieu Pan fait sa demeure: l'autre côté du Théâtre représente les monts Ossa & Pélion, qui élèvent leurs sommets dans les nues.*)

SCENE PREMIERE.

PYRRHA, *seule & errante.*

CHER objet de mes vœux, Amant fidèle & tendre!
Deucalion, où portes-tu tes pas?
Près de Pyrrha tu promis de te rendre;
Pyrrha t'appelle & tu ne répons pas.

 Armerois-tu tes mains coupables,
 Contre les Dieux, maîtres du sort?
Braves-tu leurs coups redoutables?
 Leurs foudres sont inévitables?
Ah! tu veux me causer la mort.

Deucalion! Amant fidèle & tendre!

Deucalion, où portes-tu tes pas ?
Près de Pyrrha tu promis de te rendre ;
Pyrrha t'appelle & tu ne réponds pas.

Je ne l'apperçois point ; n'a-t-il pu se souftraire
A son tyran ?.... hélas ! ce tyran est son père....
S'il n'arrêtoit ses pas, l'aurois-je devancé ?
Non ; je connois ton cœur, Amant fidèle & tendre !

Deucalion.... je crois enfin l'entendre.
C'est lui... c'est lui ; mon cœur me l'avoit annoncé.

SCENE II.

DEUCALION, PYRRHA.

DEUCALION.

Épouse... Amante... ô Pyrrha que j'adore !
Pyrrha ! pour un instant nous nous voyons encore.
Hélas ! c'est le dernier.

PYRRHA.

O comble des malheurs !
Quoi ! ton père & le mien, en proie à leurs fureurs...

DEUCALION.

Poursuivent leur projet sacrilége & barbare.
Tous mes efforts n'ont pu les détourner ;

Le peuple se laisse entraîner.
On insulte le Ciel, on s'arme, on se prépare,
Et je dois suivre aux combats
Les Titans que Typhon commande.
Mon père m'y contraint ; il faut que je me rende...

PYRRHA, *l'arrêtant dans ses bras.*

Non, non ; Pyrrha n'y consent pas.
L'Amour & tes sermens t'ont mis en ma puissance.
Demeure, ou je suivrai tes pas.
J'irai, j'irai dans l'horreur des combats,
Veiller au moins à ta défense :
Je recevrai les traits qu'on lancera sur toi.
Au séjour éternel tu me verras descendre :
Là du moins les Tyrans dont il nous faut dépendre,
Ne pourront plus te séparer de moi.

DEUCALION.

N'augmente pas, Pyrrha, l'horreur qui me tourmente.

PYRRHA.

Hélas ! veux-tu donner la mort à ton Amante ?

DEUCALION.

Non, non ; c'est à moi de mourir,
D'un devoir malheureux je dois être victime.

PYRRHA.

Dis plutôt des forfaits.

DEUCALION.

                Puis-je désobéir ?

PYRRHA.

Dois-tu l'obéissance à qui commande un crime ?
    Ces Dieux que tu vas outrager,
    Ces Dieux, maîtres de la Nature,
    Auront à la fois à venger
    Et ton audace & ton parjure.
Rappelle ces moments où je reçus ta foi,
Ce serment de jamais ne t'éloigner de moi !...

DEUCALION.

  Tu l'emportes : je jure encore
Et ce serment.....

PYRRHA.

    Le plus sacré de tous......

DEUCALION.

  Je le répète à tes genoux.
Jusqu'au dernier instant Deucalion t'adore.

PYRRHA.

Ah ! ce n'est pas assez. Deucalion, promets
    De ne m'abandonner jamais.

DEUCALION.